U0683911

收益管理（实战版）

突破增长困境，提高酒店营收水平

张川　郭庆◎主编　魏云豪◎著

HOTEL
REVENUE
MANAGEMENT

人 民 邮 电 出 版 社

北 京

图书在版编目（CIP）数据

收益管理：实战版：突破增长困境，提高酒店营收水平 / 张川，郭庆主编；魏云豪著. -- 北京：人民邮电出版社，2020.1
ISBN 978-7-115-52572-7

Ⅰ. ①收… Ⅱ. ①张… ②郭… ③魏… Ⅲ. ①饭店—运营管理 Ⅳ. ①F719.2

中国版本图书馆CIP数据核字(2019)第253980号

内 容 提 要

本书以收益管理的基本原理为切入点，以主人公"宇儿"小姐酒店管理的历程为主要故事背景，在具体、生动的酒店日常案例的支撑下，紧密围绕酒店人必须使用的 PMS（酒店管理系统）与 RMS（收益管理系统），详细剖析宇儿小姐如何利用系统找到经营中存在的问题，为酒店建立标准的收益管理工作规范流程。

书中案例详细阐述了如何破解酒店经营收入无法提升的瓶颈，如何提高市场竞争力，如何评估竞争对手，如何有效开展日常收益策略管控流程，如何建立规范的预订进度管控流程，如何有效开展旺季经营策略的制定与执行，如何有效建立酒店口碑提升工作流程以及单体与连锁酒店如何分析经营需求并找到解决方案，图书主要内容涵盖了酒店收益管理工作的全场景、全流程。

本书适合：酒店行业投资人；单体酒店的总经理、销售总监、收益管理总监、房务部总监、前厅部经理、销售经理、预订经理、大堂副理及前台等；连锁酒店的高层管理人员、店长、收益经理和前台等；院校酒店管理专业学生等。

- ◆ 主　　编　张　川　郭　庆
　　著　　　魏云豪
　　责任编辑　马　霞
　　责任印制　周昇亮
- ◆ 人民邮电出版社出版发行　北京市丰台区成寿寺路 11 号
　　邮编　100164　电子邮件　315@ptpress.com.cn
　　网址　http://www.ptpress.com.cn
　　北京虎彩文化传播有限公司印刷
- ◆ 开本：700×1000　1/16
　　印张：16.5　　　　　　　　2020 年 1 月第 1 版
　　字数：278 千字　　　　　　2025 年 5 月北京第 19 次印刷

定价：69.80 元
读者服务热线：**(010)81055296**　印装质量热线：**(010)81055316**
反盗版热线：**(010)81055315**

国内酒店下半场，供给侧数字化突破增长瓶颈

改革开放以来，国内酒店业进入了快速发展的轨道，目前已取得相当的成就。40 年时间向前看很长，往后看真是很快，犹如白驹过隙，让人感叹时间过得真快，同时也感叹国内酒店业翻天覆地的变化。

让我们来看一看国内酒店的现状。

现状一：国内的高端酒店市场基本上以国际酒店品牌为主，海外巨头占据高端酒店市场优势。中国本土酒店集团则主要在经济型、中端酒店领域发力。国内的中端及经济型酒店在经过了一系列合纵连横之后，形成了锦江、首旅如家和华住的三足鼎立，短时间内在细分市场上的占有率快速集中。

现状二：国际酒店集团通过独立发展或合资加快了品牌本土化；国内酒店集团发展多品牌，实现快速增长并开始国际化布局；单体酒店不断升级以适应消费升级的需求。

现状三：国内大型连锁酒店集团纷纷推出软品牌加盟和资金扶持进

军存量市场，新型酒店集团如 H 连锁酒店、OYO、轻住等通过轻加盟实现存量单体酒店快速连锁化，以实现快速扩张。

随着人口红利衰减、消费升级、国际经济格局深刻调整等一系列内因与外因的作用，国内酒店业也遇到了发展的瓶颈；同时，移动端用户的增长逐步放缓，市场红利逐渐消退，单纯依靠新增用户和流量带来的增长已不能满足酒店行业的增速需求，多年积累的酒店成功法则和核心能力，已经成为僵化的思想和阻力。国内酒店发展从重规模到重效益，从国外酒店品牌走进来到国内酒店品牌走出去，从开拓新增市场到盘活存量市场等，这些新的发展趋势表明国内酒店发展已进入下半场。

国内酒店的下半场机会在哪里？

国内酒店下半场的机会毫无疑问就是酒店供给侧改革。为打破酒店增长瓶颈，在正视用户需求还有一定优化提升空间的同时，迫切需要改革酒店供给侧环境、优化酒店供给侧机制、精细化运营以及使用创新技术，才能帮助酒店在激烈的竞争中脱颖而出。供给侧的数字化将会让互联网融入酒店行业，打通供需环节并贯通产业生态链，深入到酒店供给侧的每个细微环节，实现酒店生态链条的环环数字化相扣。谁能创新酒店品牌的核心能力，并且快速迭代出可复制的商业模式，谁就将赢得酒店市场的话语权；谁能快速深入酒店供给侧改革，打破供需两侧的屏障，重新数字化定义供给关系，谁就将赢得酒店市场的效能之战。

国内酒店供给侧数字化的抓手在哪里？

"收益管理"是酒店供给侧数字化的关键，"PMS+RMS"的收益管理工具就是酒店供给侧数字化一个很好的抓手。收益管理主要通过建立实时预测模型和对以市场细分为基础的需求行为进行分析，确定最佳的销售或服务价格，帮助酒店提升整体营收水平。我所在团队开发的别样红"PMS+RMS"系统，通过云 PMS 产品，让酒店数字化，协助酒店高效管理；通过跨领域的大数据能力赋能 RMS 产品，用精准、实时的数据为酒店提供数字化的营销和运营支持。

　　这本书详细介绍了收益管理实战方法，同时借助 PMS 和 RMS 工具进行辅助展示，包含了作者很多的成功经验和最佳实践，能够帮助酒店提升效率、降低成本、创新业务和提升体验。因此，我特别向大家推荐这本书。

黄晓凌

上海别样红信息技术有限公司创始人

一、写作动力

2018 年，我们出版了《收益管理：有效降低空置率，实现收益翻番》一书。通过学习，广大读者已经很好地掌握了有效降低空置率、提高酒店出租率、提高酒店市场占有率、提高酒店竞争力的方法，酒店的盈利能力得到了大幅度的提升。

2019 年 3 月以来，我们又对上千名参加培训学习的学员进行了深入的需求调研，发现大家在酒店运营管理过程中，存在一些与酒店全面经营数据分析、经营管理策略制定与执行、团队成员收益管理能力培训无法有效开展等相关的诸多痛点问题，严重阻碍酒店收益的最大化。其问题主要集中在以下几个方面：

（1）个别酒店实现了 OTA 渠道订单量的快速增长，但是其他细分市场比如协议单位、会员等的客源流失比较严重；

（2）酒店收入下滑后，不知道从哪里着手快速摆脱困境；

（3）缺乏相对科学的酒店经营状态分析方法；

（4）不知道如何有效开展市场预测，经常出现房间较早以低价销售一空，或者当期空置率较高，酒店投资回报周期因为经营管理方法不善，被迫延长；

（5）不知道如何获取酒店内部经营的关键数据，即使找到数据，不知道怎么去有效开展对比分析，找不出基本规律，导致经营手段靠个人经验去设定；

（6）不知道如何通过当前市场流量的数据，判断市场需求的价格走势；

（7）想要提升 OTA 渠道的价值产出，不知道科学、系统、规范的操作方法，也不懂如何去评估 OTA 渠道的竞争效果；

（8）不知道如何科学选定竞争对手，导致参考错误的竞争对手投放竞争价格，要么酒店的出租率越来越低，要么即使满房，酒店的收入也在下降；

（9）不懂得使用数据分析工具，酒店日常的收益策略无法科学设定，导致酒店出租率波动较大，要么满房，要么出租率较低；

（10）不懂得如何有效管控预订进度，经常出现满房而收入却下降的尴尬局面；

（11）不知道如何有效设定旺季时的收益策略，往往只是想通过价格调整实现收入增长，但是对旺季的收入进行评估时，发现收入并没有增长多少，或者对比同期反而有所下降；

（12）酒店增加了不少变动成本，想通过提高产品附加值的方式提

高客人的好评度,但是做了很长时间,发现点评分并没有按照预期增长,酒店的成本反而增加了;

(13)酒店核心人员虽然掌握了收益管理的基本操作技法,但是对于其他员工的培训缺乏系统的指导方法,不知道如何在酒店全面搭建收益管理工作流程,不知道如何培养内部的收益管理骨干人员。

我们在调研中也欣喜地发现,已经熟练掌握酒店内外部数据分析方法,能独立完成酒店经营问题诊断、经营策略优化与调整的学员,其管理的酒店在提升酒店出租率、提高平均房价、提高收入/利润、提高酒店口碑、提高酒店综合竞争力等方面,取得了可喜的成绩。

于是,我们就广大商家以上的痛点问题进行了集中分析,提炼出了方法论,并就这些方法论在"美团酒店特训营""金牌店长班"等培训中进行了多次实操检验,取得了非常好的效果。比如,参加美团酒店特训营的学员,基本实现了在当月酒店的销售量、销售收入增长50%~1100%的好成绩。

以上酒店痛点问题和解决方法的研究与实践的过程,就是本书写作的主要动力。本书的核心内容是教会大家如何在PMS(酒店管理)系统中获取有效分析数据,如何分析市场需求与价格的走势;如何通过RMS(收益管理)系统的大数据分析工具,掌握未来市场需求的变化,在进行市场预测的基础上,通过有效的预订进度管控、容量分配、价格优化、客源培育等方法,帮助酒店在1~3个月实现市场占有率、出租率、平均房价、收入、口碑、竞争力、团队运营管理水平等的有效提高。

本书的写作初衷,就是要打造一部酒店如何自我开展员工层面收益管理培养与训练的实战指南。

二、本书特色

（1）本书秉持《收益管理：有效降低空置率，实现收益翻番》的故事型案例叙述风格，实现了故事核心人物、故事发展脉络的连贯性。案例讲解与方法应用通俗易懂，故事性强，有很好的代入感。

（2）本书每章写作的主体思路是找问题、给方法、评估方法执行效果，确保每一个环节的知识点都有对实操效果有效检验的标准，避免读者在实操过程中走弯路，从而提高工作效率。

（3）本书结合酒店常规管理系统 PMS，系统阐述经营分析关键数据的读取与分析方法，对于使用不同类型 PMS 系统的酒店从业人员，参考性极强，可以快速上手。

（4）本书采用"知识＋工具应用＋案例解析＋视频指导"的体例，对酒店市场大数据分析 RMS 工具"公明收益"进行了实操层面的案例讲解，并就如何有效结合 PMS 系统的数据分析找出酒店经营存在的问题，通过 RMS 工具的市场规律对比分析找到解决经营问题的方法，进行了全面、生动的案例阐述。

（5）书中的主要方法，已经在线下"金牌店长班""美团酒店特训营""美团酒店研学班"等培训项目进行了检验，得到广大学员的一致好评。

（6）本书对每章的重要知识点进行了总结与提炼，放在每一章的末尾，便于学员总结，作为实操训练的参考。

三、本书主要内容

本书以《收益管理：有效降低空置率，实现收益翻番》中故事的核心人物、故事发展脉络为主线，紧密贴合酒店必备使用的 PMS 系统与 RMS 系统，全面地讲解了宇儿小姐如何使旗下一家经营问题多、运营能力差的酒店快速实现盈利增长的全过程。书中将这一过程中的方法论进行了有效总结，可作为酒店内部人员收益管理培训的参考教材，帮助酒店一次性解决收益管理水平提升与收益管理人才培养的全部问题。

全书共分为 8 章，涉及收益管理知识与技法的主要内容有：酒店收入下滑的 5 种现象；酒店收入下滑的 4 个征兆；酒店经营分析与市场预测的 7 个组合技法；评估酒店出租率提升效果的 5 个方法；酒店市场规划的 3 套组合方法；市场流量与价格走势判断的 5 个盲点；提升 OTA 渠道市场占有率的 6 个综合技法；评估 OTA 渠道市场占有率提升效果的 5 个关键点应用方法；中高价房型难以销售的原因解析；监控竞争对手的 5 类关键指标应用技法；评估竞争对手效果的 7 种指标应用技法；实时监测与评估竞争对手的 9 个方法；实时掌控竞争对手的 4 个组合技法；评估日常收益策略管控效果的 7 个组合技法；预订进度管控不科学的 6 类现象（损失）；有效管控预订进度的 4 个组合技法；评估预订进度管控效果的 5 个技法；制定旺季策略容易出现的 5 个失误；分析、制定、执行旺季经营策略的 7 个关键节点；评估旺季收益策略效果的 6 个方法；酒店口碑无法有效提升的 5 个盲点；酒店复购率低引发经营瓶颈的 2 个现象；评估酒店口碑与复购率提升效果的 6 个指标；连锁酒店经营分析报表的 4 种需求；撰写单体连锁酒店经营分析报告的 9 个步骤；评估单

体 / 连锁酒店经营分析与收益策略效果的 8 个关键指标等诸多知识点和实操方法。

四、读者定位

初次涉及酒店业的投资人；单体酒店的总经理、销售总监、收益管理总监、房务部总监、前厅部经理、销售经理、预订经理、大堂副经理及前台等基层工作人员；连锁酒店的高层管理人员、店长及前台等；院校酒店管理专业的学生。

第一章

门店收入下滑，
客源流失严重

【本章概述】

为了有效提高集团公司的整体营收水平，宇儿仔细查看了集团经营分析报表，发现云朵酒店的收入严重拉低了集团的整体收入。从酒店提供的经营日报中，可以看出酒店的平均房价、出租率、收入均在下降，门店处于严重的亏损状态。为了抢夺市场，酒店总经理进行降价促销，却让门店陷入了低价竞争的恶性循环，价格难以提高，一旦提价，出租率就下降得更厉害，且酒店的出租率时高时低，总是反复……为了准确找到经营中的问题，宇儿从酒店 PMS 系统中调取了月度关键指标、客源特点展示图、周规律分析报表，欣喜地发现了痛点问题所在。

本章以故事的形式，讲述酒店收入下滑的 5 种现象、4 个预兆，以及经营分析与市场预测的 7 个组合方法等收益管理策略。

在《收益管理：有效降低空置率，实现收益翻番》一书中曾讲到，在公司几家门店的日常经营中，宇儿每天都要经手所有酒店的各种经营报表审阅与分析、经营政策评判、未来市场预期评估等重要工作，以致她经常熬夜，日均睡眠不足 5 小时。

当初，她为了有效提高工作效率，提升整个团队的收益管理能力，构建了公司的收益管理架构，并设定了收益管理组织例会的 SOP （Standard Operating Procedure, 标准作业流程 ），极大地减少了集团层面的工作量，也调动了店长的积极性，提高了整体的工作效率。

而现在，宇儿公司的直营门店有 17 家，托管门店有 19 家，顾问门店有 7 家，在门店数量与业绩增长的同时，经营的困扰也随之而来。虽然公司已经构建了收益管理的工作流程体系，但是，随着业务量的增长，门店收益管理的其他问题也逐渐暴露出来。问题主要集中于以下几个方面。

（1）门店的经营分析不到位：各个门店虽然有分析，也有决策，但是收益效果并不理想，而且门店还不知道问题出在哪里。

（2）价格策略设计问题：酒店的价格体系设定好之后，低价房总是畅销的，而高价房往往只能通过低价房升级进行销售，也就是说，酒店的高价房要么只能卖低价，要么就卖不出去，当天空房。

（3）价格与库存的管理不科学：涨价和降价的时机把握不好，要么过早满房，要么空房较多。店长对于什么时间涨价、涨价多少比较合适，以及什么时候降价、降价多少比较合适把握不好，在具体工作中往往是靠经验或者看竞争对手的价格变动情况进行调价：当市场需求比较低的时候，酒店只能跟着竞争对手一起降价；当市场需求量高的时候，酒店开始涨价，却又发现涨价后有很多客人流失了。

（4）储备人才收益管理意识淡薄：相关人员对于动态定价的敏感性和操作主动性不足，以致时常错失市场机会。也就是说，当预订出现增长或者部分房型空置量比较少的时候，门店没有发现涨价的时机，当意识到该涨价的时候，房型已经提前卖完了；在市场需求下降的时候，门店对降价表现得比较犹豫，试着先降一点，看预订效果再决定是否继续降价，以致错过流量需求的高峰时间，往往当价格降至合理价位的时候，市场需求的高峰期已经过了。

（5）人员流失问题：收益管理数据统计、分析等工作具有一定的挑战性，计算价格、调价、跟踪价格、控制房态等方面的工作量也很大，很多员工不擅长数据整理与分析工作，因而对工作产生了厌烦和抵触情绪，导致人员流失严重。

……

想到这里，宇儿的思路逐渐清晰。宇儿发现，酒店收益提升难的病根，在于门店负责人对酒店的竞争价格策略与房态库存管控的匹配度没有把握好。而人员收益管理意识淡薄和人员流失的问题，主要是因为员工对酒店管理系统（PMS）与收益管理系统（RMS）不熟悉，使用不规范，不知道如何轻松高效地运用工具，降低个人数据统计与分析的工作量，有效提高工作效率。

宇儿认为，必须在"人＋工具"（PMS+RMS）的收益管理模式上进行突破，才能同时解决人才培养、工具使用流程规范化、收益策略有效运用指导方案科学化这 3 个问题，以突破当前的经营管理瓶颈。

标准规范的打造，必须建立在实操的基础上，否则，建立的标准规范只是制定者的假想标准，与员工的实际操作场景会存在一定的差距，反而会影响员工对标准规范的执行。

想到这里，宇儿决定从公司的门店中先找一个试点，通过酒店的运营实操工作，把这套"人 + 工具"的模式打造出来。这样打造出来的标准模式最接地气，也最容易被其他门店复制。

于是，宇儿打开酒店管理系统 PMS，在经营分析报表中查看"集团经营分析月报表"，如图 1-1 所示。她想在经营分析报表中找到适合作为试点的门店。

JYFX02 集团经营分析月报表(固化)

月份: 2019-07 ~ 2019-07   统计指标: 出租率,平均房价,单房收益（RevPAR），房费,门店收入

历史统计					2019-07				
出租率	平均房价/元	RevPAR	房费/元	门店收入/元	出租率	平均房价/元	RevPAR	房费收入/元	门店收入/元
57.69 %	133.60	77.07	1 567 805.02	1 576 596.87	73.87 %	131.31	97.00	10 767.22	10 768.22
57.69 %	133.60	77.07	1 567 805.02	1 576 596.87	73.87 %	131.31	97.00	10 767.22	10 768.22

图 1-1　集团经营分析月报表

注意：本书中的酒店管理系统截图来源为别样红酒店 PMS 系统。

酒店 PMS 系统中的经营分析报表比较多，为便于了解与学习，本书还提供了别样红酒店 PMS 系统报表浏览与操作的视频课程，可扫描二维码学习。

图 1-1 中，PMS 系统以月份为维度提供了门店的出租率、平均房价、单房收益（RevPAR）、房费、门店收入等各类指标。

宇儿在对各门店的数据进行对比分析时，以"历史统计"数据与当前数据（如"2019 年 7 月"）为对比维度，对各门店的出租率、平均房价等重要指标进行对比筛选，找出收益最低的门店。

收益最低的门店就是严重影响集团公司整体收益的酒店，解决了它的收益提升问题，集团公司的收益提升问题也就基本解决了。于是，云朵酒店引起了宇儿的关注。

云朵酒店位于广州白云区某小型商业广场，已开业 9 年，设施设备老化较为严重，共有 79 间房。

商厦共 7 层，酒店位于商厦的 6~7 层。其中，一楼有多个餐饮门店、酒吧，二楼为餐饮酒楼，三楼为足浴中心，四楼为 KTV，五楼为物业办公及商务办公租赁区域。

宇儿从公司各门店的收入分析数据中看出，云朵酒店是整个集团公司门店中收入贡献最低的一家。也就是说，集团公司的综合收益不能有效提高，是被云朵酒店严重拖了后腿。在顾问的帮助下，宇儿对该酒店进行了重点分析。

1.1　收入下滑的 5 种现象

宇儿认为，在通常情况下，酒店收入下滑首先表现为出租率或平均房价下滑，其主要原因是酒店的设施设备老化，或者是周边新开了竞争对手的酒店，抢走了该酒店的客源。这时，酒店需要尽快拓展客源市场，大多会考虑通过促销活动来快速提高酒店的出租率；在出租率稳定提升到 80% 以上的时候，可以尝试通过涨价的方式提高平均房价，从而全面实现提高出租率、平均房价和客房收入的目的。顾问听完宇儿的计划后，提醒宇儿，酒店收入下滑的影响因素还有很多，如果分析得不够全面，难以发现根本原因，就可能导致酒店在错误的时间使用错误的收益策略，使得酒店的经营状态始终处于"时好时坏"的尴尬局面。为了方便宇儿理解，顾问指出了酒店收入下滑的 5 种现象。

1.1.1　出租率下降

酒店整体出租率较上年同期下降。

这一问题产生的原因集中表现在老客源流失与新客源补充不足这两个核心问题上。

（1）老客源流失：老客源经常来本酒店消费，且大多是酒店周边的本地客源，他们对酒店的产品和服务已经很了解，且对相关房型的价格也比较熟悉。在酒店的日常经营中，如果出现以下几个方面的原因，都可能导致老客源的流失。

①酒店所有的房型同时涨价，部分对价格比较敏感的老客人不接受，出现流失。这类客人是酒店典型的低价客群，他们只接受酒店的低价，低价房一旦关房或者涨价，就不再来消费。

②酒店的装饰、陈列、服务内容没有更新和完善，老客人出现了消费体验的疲劳，当竞争对手处出现同等价格、价格更低或附加服务更多，能给客人带来服务更好、性价比更高的消费体验时，老客源就会出现流失。

（2）新客源补充不足：新客源分为本地客人及外地客人两类。本地新客指即使长期生活在本酒店周边，但从未在本酒店订过房的常住居民，他们对本酒店来说都属于新客人。也就是说，新客源不是只针对外地客人。在正常的酒店经营中，如果出现以下问题，酒店新客源的获取就会受到严重影响。

①不重视 OTA（Online Travel Agency，在线旅游）渠道。OTA 渠道是巨大的酒店产品卖场，可以通过诸多流量端口为酒店引来流量。所以，OTA 渠道是酒店客源拉新的重要销售渠道。

②不重视、不参加 OTA 平台的营销活动。OTA 平台能为酒店带来新客源的营销活动比较多，且拉新能力比较强。其活动分为两大类：一是大型场景类促销活动，比如踏春游，初夏优惠，暑期大促、端午、中秋、国庆等季节性、应景类活动；二是自促一类的营销活动，比如首住折扣、新客立减、连住特惠、早订多减等活动，都是酒店获取新客源的重要流量端口。很多酒店不参加 OTA 平台任何促销类的活动，就无法获得有效的流量导入端口，以致酒店的曝光量、浏览量长期较低，酒店的排名很靠后，酒店在平台上长期没有预订量。还有部分酒店在 OTA 平台上只是选择性地参加部分活动，与参加了较多活动的竞争对手相比，流量端口相对较少，获取到的曝光量、浏览量也较少，使酒店在渠道上的排名长期低于竞争对手。

1.1.2 平均房价连续下降

酒店平均房价连续下降，是因酒店老客源流失与新客源补充不足而必然会出现的新的经营问题，其主要原因如下。

（1）出租率降低的时候，酒店的中低价房型出现剩余，客人更愿意选择同酒店价格较低的房型；而中低价的房型成交过多，高价房的成交量太少或没有高价成交，只是通过中低价升级为高价的，在这种情况下，必然会导致酒店平均房价下降。

（2）鉴于竞争对手对同类房型的长期低价竞争，为了避免客人流失，酒店被迫降低同类房型的销售价格，与竞争对手抢流量，导致酒店平均房价下降。

1.1.3　周末可以满房但平均房价较低

云朵店是处于低价商圈的酒店，周末出租率比较高，甚至能够满房，但这并不代表在周末时酒店的房型可以卖出更高的价格，而是酒店为了提高出租率、降低房间空置量，通过对中低价房型进行超额预订（中低价房型销售完后，OTA 不关房），把客人升级到高价房型的方式，提高出租率。这样一来，酒店的出租率虽然上来了，但是平均房价下降了，导致周末或节假日即使满房的情况下，酒店的收入也没有增加，甚至反而下降了。

1.1.4　周内出租率明显下降

周内客源的组成，主要以商务属性的客源为主。商务客人的出行周期是周一到周五，住宿需求集中在周二到周四，且商务属性的客人通常有较高的复购率，连住的情况比较多。如果酒店周二到周四的出租率在下降，往往是因为酒店的商务客源流失较多，而且新商务客源"拉新"不足。

1.1.5　周日与周一出租率最低

云朵属于非景区 / 度假属性的酒店，周日与周一的出租率通常要低于平时，其主要原因是商务属性的客人住宿需求增量还没有起来，周末休闲类客人在这个时间段需求不高，出现了城市整体入住酒店需求下降的情况。当需求进一步减弱时，客人在订房时发现周边的酒店都有大量的空房可以选择，这时客人选择的时间成本更低，也更容易选择地理位置好、交通便捷、房型产品好、服务好、价格相对低的酒店。

以上 5 种现象，云朵酒店基本全中招了。宇儿想："我不能等我管理的酒店把这些问题全暴露了再去想办法，最好能提前发现一些问题或迹象，然后提前把这些可能出现的问题解决掉。"

能预测到经营风险并有计划地规避风险，这才是管理的真正意义。

可是，怎么在日常工作中敏锐地发现酒店的收入可能会在未来某一段时间下滑呢？带着这个问题，宇儿和顾问进行了一次长谈，并就自己对云朵店的分析、担心和应对等想法与顾问进行了交流。

1.2　收入下滑的 4 个征兆

顾问告诉宇儿，在通常情况下，酒店收入下滑之前会出现一些征兆。这些征兆具体表现在以下方面。

1.2.1　低价房型销售占比增加

酒店通常会对不同房型设定不同的价格，同类房型之间也会保持一定的价差，因此酒店有低价房型、中价房型和高价房型。

在经营过程中，一旦出现低价房型销量增多而中高价房型销量较少，则代表低价房型的销售占比变大。这一现象说明拉新的客源和目前培育的老客源对价格都比较敏感，只接受较低的价格。也就是说，酒店目前培育的是低价客源，一旦酒店对低价房型进行提价，客人就会流失，出租率必然会下滑。

1.2.2　中高价房型销量减少

中高价房型指的是酒店最低价格（引流价）之外的房型。这一类房型主要吸引对价格不敏感、愿意支付较高价格的客人。这类客人比较在意住宿体验和酒店的整体服务质量。中高价房型销量减少，对酒店的影响是比较致命的。

中高价房型销量减少，说明酒店的中高价客源在流失，酒店的收入将出现锐减；即使满房，酒店的收入也可能会下降。在酒店收益策略实操方面，中高价房型销量减少的常见原因，是客人只愿意预订酒店引流价格的房型，酒店一旦关闭引流价格，客人就不会预订，或者很少有客人预订。

造成这一现象的主要原因是酒店引流价格房型与主力房型的最低价之间价差太大。如果酒店及时缩小主力房型最低价与引流价的价差，这一问题就会得到改善。比如：酒店用大床房引流，引流价为 138 元，而大床房上一级价格（主力房最低价）是 188 元，引流价 138 元与主力房最低价 188 元之间的价差是 50 元，这就会出现只要酒店有 138 元价格的房型，客人就不愿意订 188 元价格的房型。如果酒店把主力房的最低价从 188 元调整到 158 元，这一问题就会得到改善。

中高价客人的有效存量影响着酒店的未来发展规划，这一类客源的流失，会让酒店提升平均房价的愿望变成竹篮打水——一场空。

所以，在这个环节，顾问对宇儿提出了更高的要求：在前期经营中，为了提高酒店的竞争力，可以通过低价房型免费升级的方式来降低空置率，实现提高酒店收入的目的，这是见效非常快的一种方法，可以很好地提高酒店的市场占有率。但是，要想实现提升平均房价这一经营目标，就必须注重对中高价房型的产品调整、服务附加值、服务政策、消费福利的全面设计，否则，客人用价格购买的只是一个房间，而这个房间毫无价值感可言，客人对酒店的信任感和依赖度就会降低，其流失的可能性就增大了。

1.2.3　老客占比增多

严格地说，老客多对稳定酒店的出租率是有好处的。但是，老客占比如果出现增大的情况，则说明酒店的新客源开发不够。老客会限制酒店的价格变动：涨价了，老客不接受；降价了，老客会觉得以前的价格高，对酒店形成负面的看法。所以，一定要关注新客源的获取，尽量扩大新客源的占比。这项工作需要前台工作人员做日常统计，以月为单位对客源占比情况进行分析。

1.2.4　价格变动流程不规范

关于价格变动，竞争对手通常采取以下几种方式。

（1）当天的出租率如果不高，价格就先降一点；如果出租率还不高，就再降一点；如果到了晚上还是不行，就开始低价甩房。

（2）白天价格相对高一些，晚上甩午夜房。

（3）上午价格要高一些，因为 12：00~14：00 是最后的退房时间，在这个时间段之前，房价不能降，引流房或低价房是关闭的。如果客人有延住，而房价降了就会错失一定的收益。

（4）远期的价格比较稳定，相对合理（偏高）一些；到了当天，如果出租率不高，就把价格降下来。

上述方式中，价格都是先高后低。这会导致客人不愿意提前预订，而是等当天快入住时再看房型的价格而定。因为周边的客人知道，酒店当天的房价相对较低，晚上还会甩更低的价格，所以，订得越晚可能越便宜。

这给酒店经营带来的弊端是，客人不愿意提前预订，也就等于酒店无法提前销售房间，更多的空房滞留到了当天销售。由于销售的时间太短，压力太大，所以当天的价格只能设定得更低。长此以往，酒店就陷入了低价的怪圈，收入很难再提起来。也因为这样的低价，会吸引更多只愿意订低价房的客人，高价客源就被赶走了。

但是要注意，在市场需求低的特殊时期，可以通过当日降价或者甩房的方式提高出租率。不能因噎废食，方法要灵活。

指出以上征兆后，顾问又提醒宇儿关于经营分析与市场预测方面的一些组合技法。

1.3　经营分析与市场预测的 7 个组合技法

宇儿牢记顾问提示的"同比看增减，环比看规律"这一数据分析逻辑，在 PMS 中以找经营问题为切入点，审阅经营分析报表，并对报表的主要维度数据进行了整理，果然有了重大的发现。

数据读取方法如图 1-2 所示。

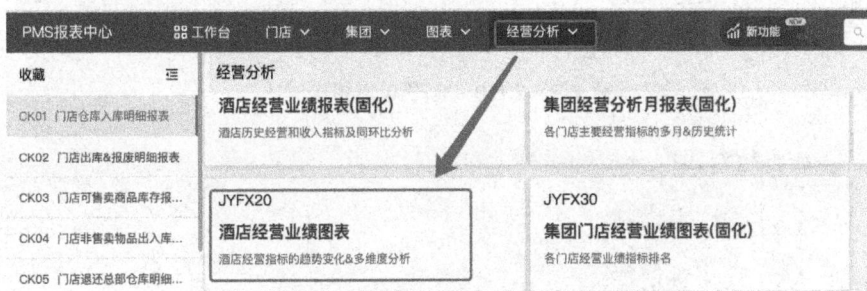

图 1-2　酒店管理系统 PMS 经营分析图表模块

> 别样红酒店 PMS 系统"酒店经营业绩图表"的操作与使用方法视频课程，可扫描二维码进行学习。
>
>

在酒店管理系统中，可以下载所需要的经营数据图表，如别样红系统中的"酒店经营业绩图表"，对数据进行以下流程的分析。

1.3.1 出租率对比分析法

图 1-3 展示了酒店 2018~2019 年相关月份的出租率对比情况。

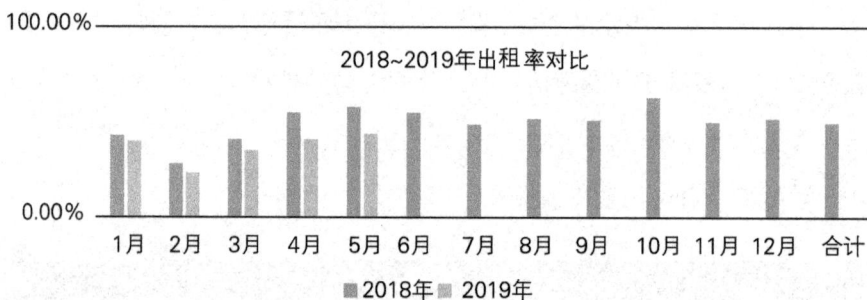

图 1-3 2018~2019 年出租率对比

1. 出租率对比分析的逻辑

（1）同比看增减。

（2）逐月看规律。

（3）分析结论。

2. 案例解读

（1）同比看增减：2019 年 1~5 月，出租率均低于 2018 年同期，说明 2019 年的市场占有率在下降。引起出租率下降的具体原因为老客源流失较多，新客源补充不足。

（2）逐月看规律：2019 年 1~5 月，出租率起伏基本围绕 2018 年的月度起伏规律态势，比如 2 月最低，3~5 月逐渐升高。从这一规律可以看出酒店所处的商圈在自然月份中市场需求 / 市场占有能力的走势。2018 年度平均出租率约为 55%，2018 年各月的出租率表现特点为：1 月平，2 月降，3 月升，4~6 月升且持平，7~9 月落，10 月升至最高，11~12 月落，且与 7~9 月持平。按照这个趋势分析，2019 年后面的月份也会出现如上特点。

（3）分析结论：以 2018 年月度出租率态势为参考，可知 2019 年 4~5 月为市场增量期，但是酒店出租率的提升幅度不高，说明酒店产品竞争力和价格竞争力在下降；2019 年 4~5 月出租率约为 40%，明显低于 2018 年同期，这一趋势在预警 2019 年 6 月、7 月、8 月、9 月、11 月、12 月的出租率依然会走低；基于 5 月为酒店年度经营中出租率较高的状态，同时从 2018 年 5 月与 2019 年 5 月的出租率对比情况推理，2019 年上述几个月份的出租率可能会低于 40%。

针对出租率可能出现的以上状况，宇儿的主要收益策略应该是：要利用价格杠杆，把出租率可能会降低的几个月份的出租率做高，同时保障酒店的单房收益也要增长。

1.3.2　平均房价对比分析法

图 1-4 展示了酒店 2018 年与 2019 年相关月份的平均房价对比情况。

单位：元

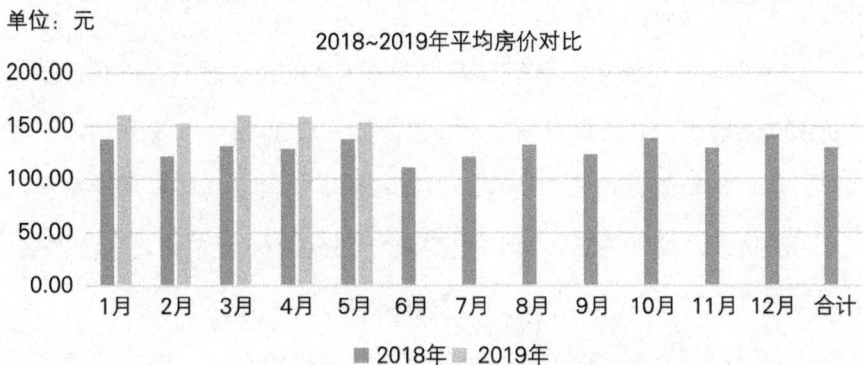

图 1-4　2018~2019 年平均房价对比

1. 平均房价对比分析的逻辑

（1）同比看增减。

（2）逐月看规律。

（3）平均房价结合出租率分析。

（4）分析结论。

2. 案例解读

（1）同比看增减：2019 年 1~5 月，平均房价均高于 2018 年同期，这也是出租率同比低于 2018 年同期的主要原因。酒店平均房价高，会使得酒店客源中的一部分低价客人因无法接受酒店的较高价格而流失。所以，酒店拉高平均房价，就意味着拒绝部分低价客人，出租率会有所降低。

（2）逐月看规律：2019 年 1~5 月，平均房价基本稳定在 150~160 元。在 3~5 月出租率逐步增长的背景下，5 月平均房价约 150 元，3~4 月平均房价约 160 元，结合图 1-3 所示的出租率趋势，可以发现 2019 年 5 月的出租率高于 2019 年 3~4 月，说明平均房价在 150 元时，对出租率的提升效果优于平均房价 160 元。

（3）平均房价结合出租率分析：对 2019 年的价格敏感度进行分析，均价 150 元相比 160 元更有获取市场的优势；从 2018 年 6~9 月的出租率和平均房价走势看，市场会出现出租率和平均房价低于 4~5 月的情况，以此趋势推理，预警酒店如果继续坚持当前 150~160 元的平均房价水平，可能会造成未来 6~9 月 4 个月的出租率同比大幅下滑。

（4）分析结论：2019 年酒店利用整体提价的方式，提高了酒店的平均房价，但是导致了酒店出租率同比下降；预警当前价格体系会在未来 4 个月较大幅度地拉低出租率。

　　分析到这里，我们知道 2019 年平均房价走高是出租率同比下降的主要原因；也知道未来的几个月，基于目前的价格体系，出租率下降的风险很大。那么，平均房价提升造成出租率下降，就一定会降低酒店的收入吗？我们还需要进一步论证。

1.3.3　单房收益对比分析法

　　顾问提醒宇儿，在做单房收益对比分析的时候，一定要同步检查出租率与平均房价的表现。表 1-1 展示了酒店在 2018~2019 年 1~5 月的出租率、平均房价、单房收益的数据对比。

表 1-1　2018~2019 年 1~5 月的数据对比

指标	2018 年出租率	2018 年平均房价／元	2018 年单房收益／元	2019 年出租率	2019 年平均房价／元	2019 年单房收益／元
1 月	43.00%	137.58	59.16	40.00%	160.45	64.18
2 月	28.00%	121.54	34.03	23.00%	152.30	35.03
3 月	41.00%	131.32	53.84	35.00%	160.21	56.07
4 月	55.00%	128.46	70.65	41.00%	158.56	65.01
5 月	58.00%	137.43	79.71	44.00%	153.00	67.32
均值	45.00%	131.27	59.48	36.60%	156.90	57.52

　　1. 单房收益对比分析逻辑

　　（1）同比看增减。

　　（2）逐月看规律。

　　（3）分析结论。

　　2. 案例解读

　　（1）同比看增减：2019 年 1~5 月单房收益均值为 57.52 元，较 2018 年同期的 59.48 元减少 1.96 元。说明 2019 年平均每间房的收入贡献比 2018 年同期少 1.96 元，也就是说，2019 年的收入在下降。

（2）逐月看规律：从 2019 年 3~5 月的数据表现看，3 月份平均房价达到 160.21 元，出租率为 35%，单房收益为 56.07 元；而 5 月份平均房价为 153.00 元，出租率为 44%，单房收益为 67.32 元。这再次说明：160 元的平均房价为高点，此时出租率会变得很低；平均房价越接近 150 元，出租率相对越高。

（3）分析总结：2019 年 4~5 月的单房收益在下降，1~3 月的单房收益在增长，综合来看，5 个月的单房收益均值在下降；平均房价 150 元是敏感点，低于 150 元，单房收益可能上升，高于 150 元，单房收益可能下降。

分析到这里，宇儿的思路越来越清晰了：酒店客源拉新不足为主要痛点，平均房价 150 元是警戒线。可是，宇儿想知道客源结构中哪一类客源比较多，哪一类客源比较少。于是，宇儿开始分析酒店客源的特点。

1.3.4 客源结构产出对比分析法

对酒店客源结构的分析，主要从客源来源、客源出租率贡献、客源平均房价表现、客源单房收益贡献这几个角度去展开。

> 酒店 PMS 系统中已经对如上数据提供了图表化的分析展示，具体浏览方式可扫描二维码了解。
>
>

宇儿对酒店客源结构的分析方法如下。

研究客源出租率占比情况。如图 1-5 所示，该酒店的客源来源有中介（OTA）、非会员、协议公司、个人会员 4 类，其分析的具体流程如下。

1. 客源结构出租率图解说明

（1）该酒店在客源细分方面，只在 PMS 系统中做了"中介、非会员、协议公司、个人会员" 4 类之分。不同的酒店因为客源分类不同，展示的分类也有所区别。

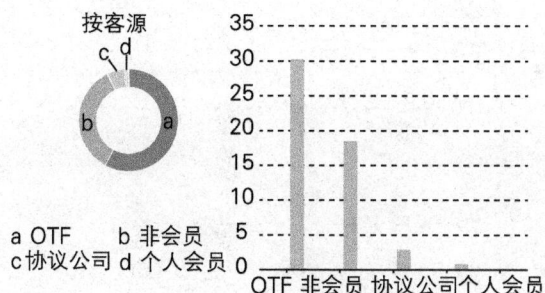

图 1-5　客源来源占比

（2）OTA：这里指的是 OTA 渠道。其出租率占比最高，达到 30%。

（3）非会员：这里指的是自来散客。其出租率占比较高，约为 18%。

（4）协议公司：占比极少，约为 2.5%。

（5）个人会员：约占 1%。

2. 分析逻辑

（1）识别出租率贡献最大的客源。

（2）识别开发难度较大的客源。

（3）识别开发难度较小的客源。

3. 分析结果

（1）出租率贡献最大的客源为中介，即 OTA 渠道。

（2）开发难度较大的客源为协议公司及会员，需要投入较大的人力成本及服务成本，故会增加酒店的运营费用，但是否能有较好的增量则难以预测和评估。

（3）开发难度最小的客源为OTA，基本可实现无投入就能产生市场增量。

了解了不同客源的出租率贡献后，还必须清楚不同客源对酒店平均房价的支撑情况，如图1-6所示。

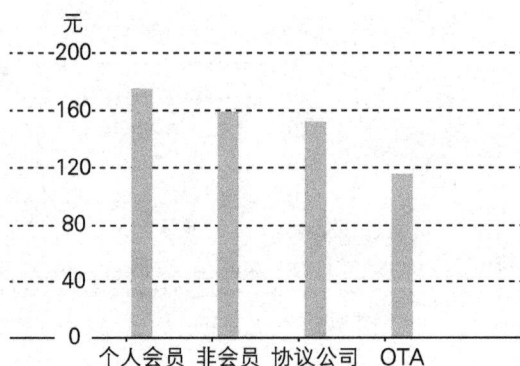

元

```
----200 --------------------------------
----160 ----■--■--------------------
            ■  ■  ■
----120 ----■--■--■--■-----------
            ■  ■  ■  ■
---- 80 ----■--■--■--■-----------
            ■  ■  ■  ■
---- 40 ----■--■--■--■-----------
            ■  ■  ■  ■
      0 ━━━━━━━━━━━━━━━━━━━━━━━
       个人会员 非会员 协议公司 OTA
```

图1-6　客源平均房价对比

图1-6展示了该酒店个人会员、非会员、协议公司、中介4类客源的平均房价情况，其分析的具体流程如下。

1.分析逻辑

（1）识别高价客源。

（2）识别对收入贡献最大的客源。

（3）识别客源收入贡献增量的可能性。

2.分析结果

（1）高价客源为个人会员、非会员和协议公司，但是协议公司和个人会员的出租率极低，收入贡献微弱。

（2）低价客源为 OTA（中介），但其出租率贡献占比高达 30%，且客源开发的综合成本低，属于对酒店收入贡献最大的客源。

（3）客源收入贡献增量的可能性：协议公司、个人会员的自然增量需要开发，以酒店目前的人力配置和经营状况看，宇儿认为实现协议公司及个人会员增量的可能性很小，自来散客自然增量的可能性也很小；要想无成本或者少成本实现收入贡献增量的客源只有 OTA。

所以，新客源的重点开发渠道应该是 OTA。

1.3.5　房型产出对比分析法

截至目前，宇儿的思考路径从客源拉新聚焦到了最容易出效果的 OTA 渠道。可是，宇儿还有一个顾虑：难道除了 OTA，在其他客源上就不能有更好的收获吗？能不能继续使用 OTA 去跑量，然后对协议公司和个人会员的高价市场进行量和质的培育呢？

顾问提醒宇儿：要做全面的经营分析，在完成当前这一步之后，还要对房型的产出情况做对比分析，然后对各类客源的收益策略进行对比分析。做完这两步，我再告诉你最后一步要做什么。

于是，宇儿开始对各房型的单房收益贡献进行对比分析。

图 1-7 展示了酒店各个房型的单房收益贡献，其分析的具体流程如下。

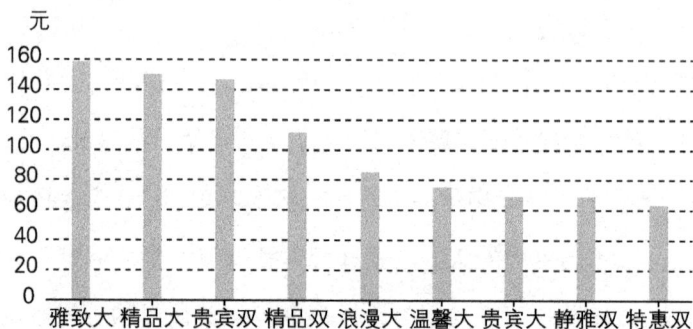

图 1-7　房型单房收益贡献对比

1.分析逻辑

（1）识别单房收益贡献大的房型。

（2）识别单房收益贡献小的房型。

（3）对比分析单房收益贡献的影响因素。

2.分析结果

（1）单房收益贡献大的房型：雅致大、精品大、贵宾双。

（2）单房收益贡献小的房型：精品双、浪漫大、温馨大、贵宾大、静雅双、特惠双。

（3）导致酒店收入无法提升的"重灾区"房型为单房收益小的房型。这几种房型共同的问题是房间面积较小、大多无窗或内窗，属于因产品自然劣势导致无法高价销售；即使低价销售，员工因担心客人会给差评，也会给客人升级到其他房型。

截至目前，宇儿完成了市场需求走势、价格敏感度、客源结构优劣势、产品优劣势的分析。目前能得出的结论是要主抓 OTA 渠道的市场增量，同时要对收益贡献低的房型进行软装搭配、服务附加值方面的优化。

宇儿敲定了方案，在准备着手确定房型整改策略时，忽然意识到还有一个问题没有研究，那就是酒店在市场上的竞争方式。于是，在顾问的指导下，宇儿开始了如下研究。

1.3.6　收益策略对比分析法

收益策略分析主要指酒店在市场竞争中的表现形式，这也是酒店竞争能力的体现。

1. 收益策略分析的 12 个关键指标

（1）价格投放漏洞。

（2）主要成交方式。

（3）营销方式。

（4）推广方式。

（5）价格管理。

（6）库存管理：有效库存给量控制。

（7）预留时间：OTA 有效库存给量时间。

（8）消费体验：押金、附加值、停车等客人住宿体验。

宇儿按照顾问的提示，对酒店收益策略设定中常见的 12 个关键点进行了统计梳理，如表 1-2 所示。

表 1-2 系统展示了酒店房型数量、销售价格与主要成交方式、营销方式等维度的具体状态，这里的状态是指酒店当前收益策略主要管控关键环节的体现。

表 1-2　酒店收益策略分析

房型	房型数量/间	销售价格/元	主要成交方式	营销方式	推广方式	价格管理	库存管理	预留时间	押金	附加值	停车
温馨大床房	10	128	销售				预留房5间				
精品大床房	5	158	销售/升级				预留房2间				
雅致大床房	10	218	接受免费升级				预留房2间				
贵宾大床房	8	258	接受免费升级	无	偶尔使用推广通	高房价卖不出去，只能升级	预留房2间	20点	收取等额房费	无	住宿免费
浪漫大床房	10	308	接受免费升级				预留房5间				
特惠双床房	5	108	销售				预留房2间				
精品双床房	8	158	销售/升级				预留房2间				
静雅双床房	8	218	接受免费升级				预留房2间				
贵宾双床房	15	238	接受免费升级				预留房5间				

2. 案例分析

（1）价格投放漏洞：同房型之间价差太大，出现了价格投放的漏洞，造成了部分客源流失。以大床房为例，温馨大床房为 128 元，精品大床房为 158 元，这两个房型的价格与酒店目前平均房价（150~160 元）持平或略低，市场有这个价格的购买能力。所以，这个价格会有较好的销量。然而，雅致大床房（218 元），它与精品大床房（158 元）之间的价差达到了 60 元。明显高于市场平均购买能力。这个价差也成了酒店雅致大床房及其他高价房型难以按原价销售、只能接受低价房升级的主要原因。由此可见，酒店设置的上述定价，使自己处于市场最佳购买价格承受力的范围之外，只能被迫长期以较低价房型超额预订并升级为高价房型为主要销售模式，酒店的平均房价难以有效提高。

（2）主要成交方式：从成交方式可以看出，108元及128元的价格为主要销售价格，158元的价格以销售与升级为主要成交方式，而其他房型因为价格太高，市场购买的可能性很小，只能通过免费升级的方式销售。也就是说，酒店有9个房型产品在OTA上销售，只有两个产品（温馨大床房、特惠双床房）的价格在市场上有相应的竞争力，其他房型产品只是空有价格，毫无市场竞争力。

（3）营销方式：营销活动是酒店占领OTA活动流量端口、获取更多预订的重要营销策略，而该酒店没有参加任何营销活动，在营销方式上与竞争对手相比处于完全劣势。

当宇儿询问为什么不参加营销活动时，店长认为：参加了折扣活动，酒店房间的价格就卖得低了，会损失收益。这个回答让宇儿哭笑不得。宇儿与店长在竞争对手的酒店进行了下单测试，预订界面显示：竞争对手的特价大床房原价为176元，减去会员95折的8.8元优惠，再减去天天特价的35元优惠，实际支付的价格仅132.2元，而优惠的43.8元是虚拟的价格，客人并没有支付，酒店怎么会卖亏呢？参与这样的促销活动，会让酒店获得两个方面的好处：一是占领了天天特价和会员优惠的流量端口；二是以"已减43.8元"的营销为引导，让客人认为这个房间原价很高，现在预订很优惠，可以让客人在预订的第一时间感受到性价比高的消费体验。

这时，店长依然表示自己还没算明白这笔账。宇儿坚定地说："懂了就要做，不懂就一边做一边想，总之必须要做。"

（4）推广方式：酒店很少使用推广方式。以美团酒店平台为例，推广的方式有推广通、资源位兑换、广告位等。推广通需要付费购买，购买后可根据付费额度的不同，获得商圈首页固定位的排名，实现让客人在最短的时间内看到本酒店的目的。资源位的兑换可以使用金币或积分。金币及积分是酒店通过预留房及房间销售数量积累的。

（5）价格管理：酒店对房间的价格执行相对固定，而根据市场需求变化及竞争对手的价格变化情况对本酒店进行动态价格调整的工作做得并不及时，导致酒店长期只能销售较低价的房型，而中高价房型因为价格偏高，只能接受免费升级。店长反而因此抱怨：OTA 来的客人都是低价客人，只订最低价的房间……宇儿看着店长苦闷的表情，忽然开心地笑了。没有什么能比发现酒店经营中存在的隐性问题更让她开心了。发现了失误的地方，就说明自己要进步了。酒店当前经营政策的设定，在很大程度上被认知比较狭隘的店长的思维影响了。要想打破这个瓶颈，必须对店长进行有针对性的培训，打开店长的眼界，提升店长的认知水平。

（6）库存管理：酒店给 OTA 的预留房越多，预留房消费间夜的占比越大，酒店享受到的平台推送排名靠前的权益就越大。酒店现在的出租率很低，给的预留房明显偏少；酒店的高价房型本来就无法有效销售，即使给了预留房，也不会有多少预订间夜产生。因此，酒店应该对畅销价格的房型增加预留房间的数量。这样一来，预留房消费间夜的数量增大了，从 OTA 平台的考评层面来说，酒店的预留房消费间夜占比就增大了，这个占比越大，酒店享受平台排名推送靠前的权益就越大，机会就越多。

（7）预留时间：酒店目前预留房时间是 20 点，宇儿要求尽快与业

务经理沟通，调整到 23 点。预留房的时间给得越长，酒店享受到 OTA
排名靠前权益的时间就越长，排名越靠前，酒店的销售机会就越多。

（8）消费体验：酒店给住宿客人提供免费停车是一个基本福利，而
酒店当前还收取客人的入住押金，并且房间内没有任何附加值产品，这
样的消费体验很难让客人产生复购行为。

分析到这里，宇儿开始着手收益策略的调整。

3. 收益策略调整方案

表 1-3 所示为收益策略调整方案。

表 1-3　收益策略调整方案

房型	房型数量/间	原价格/元	调整价格/元	主要成交方式	营销方式	推广方式	价格管理	库存管理	预留时间	押金	附加值	停车
温馨大床房	10	128	128	销售				预留房10间		牛奶/矿泉水	
精品大床房	5	158	138	销售				预留房5间			
雅致大床房	10	218	158	销售				预留房10间			
贵宾大床房	8	258	188	销售/升级				预留房2间		牛奶/果盘	
浪漫大床房	10	308	208	接受免费升级	不低于6种活动	推广通/资源位	"68坎儿"	预留房5间	20点	免押金		住宿免费
特惠双床房	5	108	108	销售				预留房5间			
精品双床房	8	158	128	销售				预留房8间		牛奶/矿泉水	
静雅双床房	8	218	148	销售				预留房2间			
贵宾双床房	15	238	178	销售/接受免费升级				预留房5间		牛奶/果盘	

（1）设计价格梯队：以 150 元平均房价敏感线为参考，150 元以下为多投放价格；同时，在 150 元以上保持 30 元左右的价差，投放其他房型。例如：大床房原来的价格梯队是：128 元、158 元、218 元、258 元、308 元，因为 158 元与 218 元的价差太大，造成的实际成交结果是 158 元以上的价格很难销售。于是，新价格要在 150 元上下设置价差合理的价格。梯队为：128 元、138 元、158 元、188 元、208 元。这样的价格投放，主要是根据客人平均价格承受力即 150 元上下 30 元价差进行多个价格投放，刺激并引导成交，实现快速提高出租率的目的。这里要注意的是，房型之间的价差不宜太大，建议不要超过 30 元，如果价差设计超过 30 元，就会出现较明显的客源流失，直接体现为：有一定的浏览量，但是转化率始终比较低。

（2）管控主要成交方式：无论大床房还是双床房，主要考虑定价在 178 元以下，以房型实际的价格成交，让不同的价格能够被具有不同消费能力的客人购买，同时实现对不同价格承受力客人的拉新（新客源拓展与储备）。这样还可以规避客人只预订低价房，使酒店被迫给客人升级房型，造成只能销售低价房的尴尬。

（3）营销方式不低于 6 种：重点参加能够很快实现拉新客源的会员折扣、新客折扣、连住特惠、早订多减、多间立减、暑期折扣活动；同时也要参加能够维系老客源的活动，比如天天特价、延迟退房、红包减免等。

（4）推广方式：推广通和资源位分别使用。在周末出租率较高时间，可以不使用推广通；在周日、周一这些出租率较低的时间，要使用推广通。周二到周四期间，根据酒店的出租率状况，酌情使用推广通。

（5）价格管理：所谓"68 坎儿"，指的是出租率在 60%~80% 的不同区间的价格管理原则。在当天出租率没有达到 60% 时，最低价格必须继续投放，如果预留房已经销售完，则要补充预留房继续销售。在出租率处于 60%~80% 时，酒店 150 元以下价格的房型限量 1 间销售，销售 1 间出去就补 1 间库存，通过执行低价房型限量供应的原则，实现低价主力房和中间价房型的成交。这个阶段是继续跑量时期。当出租率达到 80% 时，要根据达标的时间段，确认是否需要涨价或者停止供应低价房。比如，在当天 20：00，出租率达到 80%，而 23：00 以后酒店的自然流量很少，这就说明酒店只有 20：00~23：00 这 3 个小时的有效销售时间，要完成 20% 房间的销售，销售压力较大，不宜涨价。相反，如果酒店在凌晨 2 点还有预订高峰出现，那么，酒店还有 5~6 个小时的有效销售时间，这时销售压力就不大，可以关闭引流房或者对 180 元 / 间以下的房型价格进行 10% 的提价。至于提价幅度究竟多少比较合适，要根据酒店的预订增速来确定。如果预订来得很快，说明酒店的房间价格可能偏低，应再次提价 10% 做试探；如果订单来得还是很快，就要考虑再次提价。关于价格管理有一个很重要的原则，就是无论涨价还是降价，都应以能够成交为主要评估原则。如果涨价太多，较长时间没有成交订单，就说明涨价偏高，价格投放不合理。

（6）库存管理：鉴于 150~160 元是酒店的平均房价波动线，所以在设定预留房时，可以给 160 元以下的房型多增加预留房。宇儿对 160 元以下的房型按照实际房间数量设定了预留房。这个策略的运用，是用 160 元及以下价格的房型快速刺激市场需求，而对于酒店会员、自来散客、协议单位的客人，要求前台尽量推销 160 元以上的房间。如果客人不接受 160 元以上的价格，则给客人免费升级到高价房，留出 160 元及以下的房型，在 OTA 上参与市场竞争，获取 OTA 渠道的客源。这个策略的重点，就是要让 160 元及以下的房型，基于房型的实际价格能在美团上形成真实的房型竞争力，这也是酒店产品竞争力形成的重点。

（7）预留时间：因为 160 元以下房型预留房数量达到了最大值，宇儿为了做价格引流能力测试，又把预留房时间调回到 20 点。如果出租率不能达到预期，就考虑把预留房时间向后延长。

（8）押金：宇儿要求线上参加美团的"溜溜住"免押金活动，同时对线下所有客人也免收押金，提升客人便捷住宿的体验，减免客人在前台交押金、退房时退押金等手续环节，避免客人因较长时间等候、员工处理不及时等原因而加大对酒店某项服务、某类服务设施不满意的体验感，因为这些环节比较容易让客人的消费体验不好，有潜在的差评风向。

（9）附加值：宇儿考虑到酒店的大床房多于双床房，而且酒店的双床房没有大床房好卖，可以根据不同房型、房价设置不同的增值服务，如表 1-4 所示。

表 1-4　根据不同房型、房价设置不同的增值服务

房型	房价	增值服务
大床房	160 元以下	牛奶、矿泉水
	160 元以上	牛奶、精美果盘
双床房	150 元以下	牛奶、矿泉水
	150 元以上	牛奶、精美果盘

用附加值引导的方法，促进酒店双床房和高价房更好地销售。

（10）停车福利：住客免费停车，后期将尝试为预订高价房型的客人提供免费洗车服务（或赠送附近洗车行的免费洗车券）。

1.3.7　市场机会与风险预测方法

做好方案后，宇儿将它提交给顾问来指导。顾问提出，虽然有了执行方案，但是对于执行效果要有风险管控的预案，否则，很多工作设想与计划难以落地执行。为此，顾问指导宇儿完成了以下工作。

1. 市场机会与风险预测评估需把握的逻辑

（1）平均房价与出租率平衡参考点。

（2）价格与出租率变动的最佳走向。

（3）机会与风险评估分析。

2. 案例解析

（1）平均房价与出租率平衡参考点：

根据前面表 1-1 中提供的数据，2019 年 1~5 月的平均房价为 156.90元，出租率为 36.60%。我们以此数据为计划提升的节点进行测算，结果如表 1-5 所示。

表 1-5　单房收益提升平衡分析表

出租率	平均房价 / 元	单房收益 / 元
36.60%	156.9	57.43
46.60%	146.9	68.46
66.00%	131	86.46
86.00%	131	112.66

（2）平均房价与出租率的最佳走向：

从酒店的现状看，150~160 元均价是敏感线，价格下降，出租率就会提高。但是，如果想在提高平均房价的同时也提高出租率，则难度很大，甚至出租率还有降低的风险。所以，用压低平均房价来撬动市场需求、提高出租率的做法，是目前的首选。

那么，平均房价最低可以降到多少呢？

根据表 1-3 所示新的价格体系，低于 150 元的价格有 5 个房型，总房间数量为 36 间。这 5 个房型中最低价是 108 元，有 5 间房；128 元的有 18 间房；138 元的有 5 间房；148 元的有 8 间房，如果这些房型全部成交，其平均房价约为 131 元。按此逻辑，宇儿认为，平均房价最低控点应该设为 131 元，计算方式为：（128×18+138×5+108×5+148×8）÷36 ≈ 131 元。

（3）机会与风险评估：

如表 1-4 所示，如果酒店的平均房价下降到 131 元，出租率达到 66%，酒店单房收益为 86.46 元，较 2019 年 1~5 月的平均单房收益的 57.43 元，增长了 29.03 元。

但是，这样的增长不是宇儿的目标。她希望可以增长得更多，至少让单房收益翻一倍。当出租率达到 80% 以上，才说明酒店进入了相对健康的状态。所以，宇儿定下这样的目标：按照最低平均房价 131 元的标准，出租率如果达到 86%，单房收益将达到 112.66 元，则单房收益可增加 55.23 元，可实现单房收益翻番。

以上阐述的最低平均房价、出租率、单房收益的目标数值，就是新收益策略要重点把握的 3 个指标。

1.4 评估出租率提升效果的 5 个方法

宇儿带领酒店团队在 6 月奋战了一个月，实现了非常好的成绩。酒店整体出租率达到了 82%，平均房价为 147 元，单房收益达到了 120.54

元，单房收益增长 63.11 元，较之 1~5 月的单房收益均值 57.43 元，增长了 110%，实现了收益翻番的目标。

然而，在月度工作总结会议上，店长在汇报时指出，酒店收益翻番的主要原因是降价和做好了 OTA 渠道……听到店长这样的总结陈述，宇儿更深刻地认识到，作为店长，如果不能掌握科学的酒店策略制定与运营方法，其个人狭隘的认知一定会把酒店的经营方向带偏。目前店长的专业素质是公司发展的最大障碍。

于是，为了帮助店长快速打破个人的狭隘认知，提高其业务水平，宇儿带领店长对酒店的月度经营情况进行了如下层面的复盘。

1.4.1　客源流失分析的重要节点

1. 客源流失分析逻辑

（1）计算逻辑。

（2）不同客源订单数量增减。

（3）老客预订次数增减。

（4）分析总结。

2. 案例解析

（1）计算逻辑：客源流失主要评估数据是用于检查订单数的增减情况，而不是销售间夜情况。因为订单数代表了客人购买的次数，属于消费次数。消费次数是酒店在客源获取能力方面的直接表现。消费次数越多，说明酒店在美团平台的产品与价格等综合竞争力越强，也可以理解为酒店的价格竞争活力比较强。

（2）不同客源订单数量增减：

图 1-8 所示为 2019 年 5~6 月客源订单数对比情况，除个人会员外，各客源订单数量均出现了较好的增长，说明酒店的客源拉新活动取得了较好的效果。

单位：个　　　　　　　2019年5～6月客源订单数对比情况

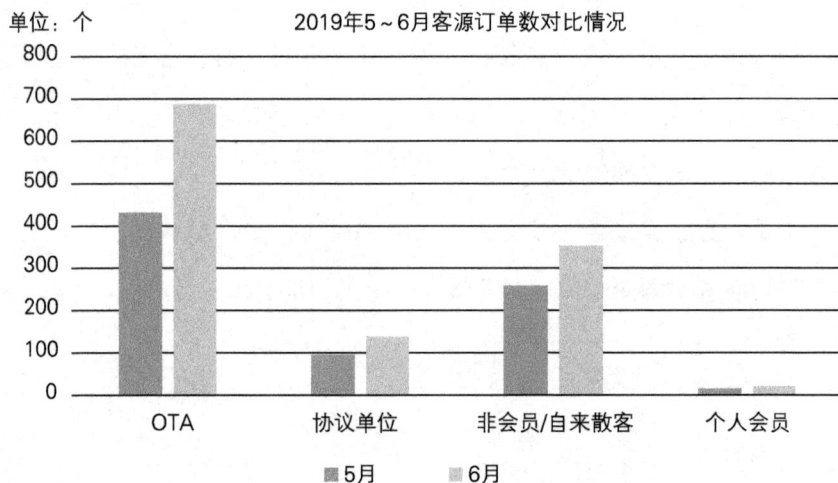

图 1-8　2019 年 5~6 月客源订单数对比情况

（3）老客预订次数增减：

图 1-9 所示为 2019 年 5~6 月老客、新客订单数对比情况，自来散客与 OTA 客源在老客与新客订单数量上都出现了明显的增长；来自协议单位的老客与新客订单数略有增长；来自个人会员的老客与新客订单数虽略有增长，但幅度太小，可视为市场需求波动引起的变化，不列为增长考虑范围。

2019年5~6月老客、新客订单数对比情况

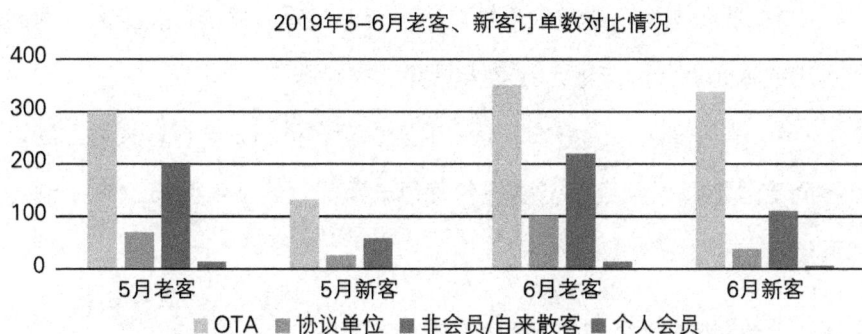

图 1-9 2019 年 5~6 月老客、新客订单数对比情况

（4）分析总结：

酒店通过 OTA 渠道拉新的方法，实现了线上和线下客源同步增量的效果；会员客人增量很小，说明酒店在会员发展、会员政策设计等方面依然存在较多的问题，需要进一步优化。

1.4.2 新客获取分析法

1. 新客获取分析逻辑

（1）营销活动主要的推广渠道：美团。

（2）营销活动采取的主要方式：推广通、资源位、新客折扣、天天特价等活动。

（3）线下辅助：牛奶、水果等附加值服务，免押金活动。

2. 分析总结

酒店在美团渠道当月获得了间夜量的快速增长，其主要策略体现在 4 个方面。

（1）以均价为参考，修正价格体系。

（2）缩小同房型之间的价差，避免因价差太大而造成客人流失。

（3）酒店在美团渠道使用推广通、资源位等方式推广，极大地提高了酒店的曝光量和浏览量，让客人更容易找到酒店。

（4）酒店利用天天特价、延迟退房、新客折扣、早订多减等活动，从不同流量端口对新客和老客提供优惠政策，让客人有更多选择本酒店的可能。

1.4.3 营销活动效果评估方法

1. 营销效果评估逻辑

（1）活动产生的间夜量对比。

（2）活动持续参与的可能性分析。

（3）分析总结。

2. 案例解析

（1）活动产生的间夜量对比：

从美团订单及后台活动参与效果来看，在酒店参加的诸多活动中，只有延迟退房、暑期8折、天天特价、新客立减的效果比较好，早订多减、连住特惠活动，目前几乎没有产生订单。

（2）活动持续参与的可能性分析：

对于能够产生预订的活动依然要参加；对于没有产生预订的活动，如果没有推广费用，也可以考虑参加。宇儿之所以这样考虑，是因为客人最终下订单虽然不是在早订多减和连住优惠这类活动中产生的，但它们会给酒店带来流量，能产生把客人引导到酒店页面的效果。

（3）分析总结：

早订多减、连住特惠等活动没有产生较好的流量效果，可能和酒店设置的活动优惠力度有关。酒店原来设置早订多减政策是提前 3 天预订,享受 10 元优惠。宇儿要求把这个活动改为: 提前 1 天预订,享受 10 元优惠。酒店的连住特惠原来设置为连住 3 天,享受 10 元优惠。宇儿要求营销活动将其改为连住 2 天,享受 10 元优惠。

设置活动规则的目的是为了有效刺激客人产生购买的欲望,而不是设置门槛,让客人减少购买欲望。条件越苛刻,客人选择的可能性就越小,也就违背了酒店参加营销活动的初衷。

1.4.4 单房收益平衡的评估方法

1. 单房收益平衡方法评估逻辑

(1)检查平均房价与出租率的平衡关系。

(2)检查单房收益增长的可能性。

(3)分析总结。

2. 案例解析

(1)检查平均房价与出租率的平衡关系:

如表 1-6 所示,酒店实际成交的平均房价为 147 元,高于平均房价预测参考值 131 元。但是,酒店实际成交的出租率为 82%,低于出租率预测参考值 86%。

表 1-6 出租率、平均房价、单房收益对比

指标	出租率	平均房价 / 元	单房收益 / 元
1~5 月均值	36.60%	156.9	57.43
预测参考	46.60%	146.9	68.46
	66.00%	131	86.46
	86.00%	131	112.66
实际成交	82.00%	147	120.54

（2）检查单房收益增长的可能性：

单房收益的增长，有赖于出租率和平均房价的平衡。目前，酒店的平均房价是 147 元，与 1~5 月市场均值 156.9 元相差 10 元左右，说明平均房价还有增长空间。再看目前的出租率，从 1~5 月的 36.6% 增长到 82%，说明酒店当前各类推广、营销活动和附加值服务有效刺激到了市场需求。如果在下个月的经营中适当增加 160 元以下房型的供应量，出租率提高的可能性很大。即酒店单房收益的提升，在平均房价提升和出租率提升层面都有一定的空间。

（3）分析总结：

鉴于以上分析，酒店应该继续坚持当前的价格政策，不宜提价。下一步的主要策略为：通过增加 160 元以下房型销售库存的方式，提高高价房型的出租率；优化酒店高价房型在连住特惠、早订多减方面的政策，让高价房型可以提前被客人预订，减少当天的销售压力；同时，鼓励连住的客人选择高价房型，以提高高价房型的出租率。

1.4.5　口碑打造的风险与评估方法

1. 口碑打造的风险与评估的逻辑

（1）新增点评数量分析。

（2）新增好评观点分析。

（3）新增差评观点分析。

（4）酒店口碑打造的方式。

（5）分析总结。

2.案例解析

（1）新增点评数量分析：

酒店新增点评 69 条，其中差评 13 条，好评 56 条。在平台计算客人点评分权重的时候，带图片和文字的点评，其权重高于没有图片和没有文字的点评。

通过对比检查，酒店带图的好评有 5 条，带图的差评有 3 条；客人自己编辑文字发表对酒店住宿体验的点评有 11 条。

酒店要重点关注客人带图的差评，确认客人不满意的地方问题在哪里，并进行针对性的改造。

带图的差评、有文字观点的差评、老客的差评都会严重影响酒店好评分的提升，也就是说，如果这一类差评的数量增长，酒店的好评分会快速下降。

（2）新增好评观点分析：

新增好评的观点分析，主要用来评估酒店当前在哪些方面获得了客人的认可。已经获得客人认可的一些做法，酒店需要继续保持并加强，以争取让更多客人满意。

宇儿将新增的好评观点汇总如下：卫生干净 53 条、服务热情 34 条、性价比高 56 条、位置好 9 条、五星好评无文字 3 条。

从以上数据可以看出，卫生质量和性价比是客人最关注也最敏感的因素，酒店位置是好评获取能力比较弱的因素。下一步酒店需要在交通方式和地理位置介绍、客人进店引导方面进行加强。宇儿认为，如果酒店能有效提高"位置好"这类的点评数量，酒店的订单数还可能有较大幅度的增长。

（3）新增差评观点分析：

新增差评是检验酒店经营风险的重要指标，也是酒店当前收入无法持续增长的重要影响因素之一。宇儿对酒店新增的差评观点进行了如下统计：房间隔音不好 13 条，楼下 KTV 太吵 13 条，服务态度不好 9 条，卫生不干净 4 条。

宇儿总结道：虽然酒店的卫生得到了很多客人的认可，但依然存在很多问题。通过差评的对比分析，我们会变得更加清醒，只有经常检查存在的问题，才能更好地找到提高收入的破解点。关于房间隔音不好和 KTV 太吵，这是目前无法有效解决的问题。但是，这两方面的差评也充分暴露了前台在给客人分房间的时候，没有和客人进行有效的沟通，对客人的期待没有足够了解，尤其是不该给睡眠质量不好的客人安排噪声影响比较严重的房间。关于服务态度不好，也在很大程度上体现了前台员工在客人办理入住时与客人的交流太少，没有关注到客人的情绪和期待，造成了客人不好的消费体验。

（4）酒店口碑打造的方式：

酒店评论界面是酒店口碑营销的主要阵地。不管是差评还是好评，对客人回复的时候进行有针对性的"营销式"回复，才是点评回复的关键。通过检查，宇儿发现酒店的差评回复率是 100%，好评回复率也是 100%，但是回复客人的方式使用了统一的模板，也就是所有的好评回复都是向客人表达感谢的模板，所有的差评回复都使用了向客人表达歉意的模板，在回复的过程中没有体现酒店品牌营销和产品营销的内容与信息。这些回复都是无效的。

因此，宇儿认为，酒店的评论回复只是走形式，没有营销效果。

（5）分析总结：

①客人留言中大多使用标签，并不自己编辑文字，说明酒店的员工、服务附加值等环节并没有打动客人，让客人真心觉得好，只是碍于员工提醒，客人才给出好评。

②关于差评中指出的服务态度不好，要追查当班员工。如无法确认是哪个班次的员工，对全体员工处罚20元；如有员工主动承认服务态度不好引起差评，不予处罚，要求其兼职酒店的"服务大使"一个月，负责14点至次日2点美团客人的店内接待，要求该员工每天产生的优质服务好评不低于10条。

③卫生类差评追究楼层清扫人员的责任。如无法确认留言客人住宿的房间及当班清扫员工，则处罚楼层全体员工20元/人；次月若无卫生差评，则返还个人罚款。

④酒店口碑打造是重点运营工作，在日常回复中不得使用模板，应针对客人的表扬及批评进行有针对性的回复，同时推广酒店的高价房型（贵宾大床房、贵宾双床房等），告知客人提前预订可享受折扣优惠，让客人对房间和价格有提前的认知，为这两类高价房型提供更多的销售机会。

⑤当班期间产生客人带9张图、有100字以上酒店住宿体验描述的好评，当班员工每人奖励5元；对与客人有交流并获取客人好评的前台员工，奖励30元。

1.5 市场规划的 3 套组合方法

与店长开完 6 月经营分析会议后，宇儿布置了 7 月的具体工作，但依然觉得酒店目前的经营状态比较混乱，经营方向和经营策略不够清晰。

做酒店经营，思路不清晰肯定会出问题。在与顾问沟通后，宇儿对云朵酒店做出了新的经营规划。

1.5.1 攻克短板的方法

1. 攻克短板的逻辑

（1）经营短板问题解析。

（2）规避短板的方法。

（3）分析总结。

2. 案例解析

（1）经营短板问题解析：

酒店楼下有 KTV，凌晨 2 点前约 60% 的房型会受到噪声影响，投诉率极高；楼道较窄，门板的隔音效果不好，楼道的走路声也会影响客人休息；酒店 30% 的房型属于内窗，通风效果一般，房间面积较小，难以提高价格。

房型产品的上述缺陷影响了酒店的房价定价。平均房价 160 元基本为临界点，即平均房价增长的瓶颈比较突出。周边 500 米内，本月有两家同档次酒店试营业，房间总数约 180 间，目前因其引流价分别在 158 元与 179 元，对本酒店冲击不大。据了解，这两家酒店 7 月将正式开业，如果对方开展相关促销活动，本酒店的客源会出现较大流失。此外，一千米内新增一家公寓，目前已经正式营业，引流价格为 99 元，最高房型价格为 199 元。

（2）规避短板的方法：

关于门板隔音问题可通过采购隔音条来缓解，但无法彻底改变。

KTV 噪声影响已是顽疾，无法改变，必须通过服务附加的方式，缓解客人对于噪声的意见。目前赠送睡前牛奶、果盘的方式，客人满意度较高，应坚持。

目前酒店周边有 35 家竞争对手，引流价在 100 元以下的有 17 家，100~120 元的有 9 家，120~150 元的有 3 家，150~180 元的有 6 家。也就是说，竞争对手之间房型价格密集的区间，在 120 元以下。这就说明一个问题：市场对 120 元以下价格的房型需求很旺盛。在新竞争对手开业后出租率下滑时期，考虑在 120 元以下价格区间，多投放 1~2 档销售价格。

酒店房间里均有可以办公的长条置物台，配有座椅、台灯，这些设施可以满足商务客人在房间内办公的需求，而周边竞争对手有办公桌的房型并不多。酒店应该以这个点为切入口，更好地获取商务客人，来支撑周二到周四的出租率。

KTV 虽然有噪声影响，但是 KTV 及楼下酒吧会给酒店输送凌晨客人。这类客人有 3 个市场利好因素：一是入住时间晚，会延长酒店的有效销售时间；二是这类客人的复购可能性较大；三是这类客人对房间设施及卫生质量的要求不苛刻。这类客人大多喝过酒，可根据饮酒客人的潜在需求，在酒店前台提供蜂蜜柚子茶，供客人办理订房手续时饮用，缓解客人酒后头痛等不舒服的症状。同时，凌晨酒后的客人有大量喝水的可能，所以对凌晨入住客人的房间可多赠送 2 瓶矿泉水，同时配送牛奶与水果，缓解客人饮酒后不舒服、需要喝水等生理需求，提高客人的消费体验。这类客人入住时间比较晚，可提供受 KTV 噪声影响较大、房型分布在较为集中区域的房间，避免他们进房间时有说、笑等噪声而影响其他商务客人。

（3）分析总结：

①门板隔音问题，采用隔音条，10 天内完成。

②增加 120 元以下引流价房型，即日起用大床房引流价做测试，日销售限量 5 间。

③为凌晨客人提供附加服务，即日起落实。

④商务客人营销方法：5 日内补拍房型图片，突出办公设施与氛围，争取 10 日内完成美团审核。

⑤前台布放隔音耳塞，免费提供给客人。

⑥7 天内完成空调滤网的清洗，确保空调出风清新无异味，弥补内窗房型空气流通不好的短板。

1.5.2 房型产出提升方法

1. 房型产出提升分析逻辑

（1）空置房收入损失计算。

（2）空置房滞销原因分析。

（3）分析总结。

2. 案例解析

（1）空置房收入损失计算：

①酒店每日可售房间数为 79 间，月度可售房间数为 79 间 ×30 天 =

2 370 间夜。

②酒店出租率为 82%，则月实际销售房间数为 2 370 间夜 ×82%=1 943 间夜。

③酒店月空置房间数 = 月可售房间数 - 月实际销售数量 =2 370-1 943=427 间夜。

④空置房收入损失最大值预估：酒店月平均房价 × 月空置量 =147 元 / 间 ×427 间夜 =62 769 元。

⑤修正空置房损失预估：以酒店最低引流价 108 元销售，将空置房全部销售出去的把握比较大，则月空置房损失预估修正 = 最低引流价 108 元 ×427 间夜空置量 =46 116 元。

（2）空置房滞销原因分析：

①酒店滞销的大床房为贵宾大床房、浪漫大床房，其销售价格分别为 188 元、208 元，均高出平均房价 147 元，无法有效刺激市场需求。

②酒店滞销双床房为贵宾双床房，其销售价格为 178 元，虽定价不高，但该商圈对双床房的需求度不高，该房型的空置量约占空置房总量的 40%。

（3）分析总结：

①酒店双床房数量需减少，将贵宾双床房 10 间临时改造为大床房，改造后价格投放为 148 元。

②贵宾双床房改造方案：双床撤出，摆放大床，增加床头柜，添加花束摆件、布娃娃、红色靠枕，房型命名为"情侣大床房"定价 168 元。

③对于酒店原滞销的贵宾大床房，将原价 188 元，调整为 178 元，与改造后的情侣大床房 168 元一起投放。调价原因：旁边某连锁酒店的

引流价格为 178 元的，其用大床房引流；宇儿酒店分别用商务房型贵宾大床房 178 元及情侣大床房 168 元对标连锁酒店的引流价，抢对手的商务客流量与情侣客流量。

④库存管理：对 130 元以下价格的房型，每日增加 5 个预留房库存，以达到减少空置量的目的。

1.5.3　客源结构产出提升方法

1. 客源结构产出提升逻辑

（1）对潜在增量客源进行细分。

（2）确认潜在增量细分市场的营销重点。

（3）分析总结。

2. 案例解析

（1）对潜在增量客源进行细分：酒店当前及未来的最大增量市场为 OTA 渠道，而对该渠道客源以消费类型进行细分的话，可做如下分类。

①商务客：其特点为周内住宿、连住的可能性较大，有较好的复购率；其需求痛点：房间内办公、会客、洗衣。

②情侣客：其诉求集中在钟点房、大床房。

③家庭客：住宿需求集中在周末及节假日，对价格不敏感，通常可以接受中高价房型，选择双床及多床房型。

④休闲客：该类客人多为周边居民，房间内有棋牌娱乐的需求。

（2）确认潜在增量细分市场的营销重点：

①商务客营销重点：房间内设办公桌椅、免费茶叶、茶具／茶道，多赠送 2 瓶矿泉水；酒店提供共享洗衣机服务，并备折叠晾衣架供客人

免费使用。

②情侣客营销重点：提供偏角落、私密性较好的房型，免费提供卸妆水、洗漱护理包、面膜等。

③家庭客营销重点：提供面积较大、距离电梯较近的房型，房内布放儿童玩偶、儿童坐便器、儿童洗漱用品，免费提供软饮、零食、洗漱护理包、面膜等。

④休闲客营销重点：以棋牌娱乐为主要消费类型的客人，对房间质量的要求不高，但需要矿泉水、茶、水果、零食等夜间饮食。

（3）分析总结：

①宇儿要求，按照以上4类客源的特点进行重点营销。

②在提供附加服务值的初期，酒店依然坚持原价销售，做市场需求测试。

③休闲客是本地消费客人，涨价后流失的可能性比较大。

④家庭客为具备较高价格支付能力的客人，房间定价可稍高。

⑤情侣客周期性复购率较高，对价格比较敏感，房型不宜涨价。

⑥商务客对价格敏感度不高，且有较大的市场需求量，该类房型的价格变动可频繁，涨价机会较大。

| 本章小结 |

◎　（1）收入下滑的5种现象：老客源流失、新客源补充不足、平均房价连续下降、周末能满房但平均房价低、周内出租率明显下降。

◎ （2）老客源流失的主要原因：酒店涨价，客人不接受；客人对酒店出现了消费体验疲劳。

◎ （3）新客源补充不足的原因：酒店不重视 OTA，不参加 OTA 的营销活动。

◎ （4）平均房价连续下降，是由于酒店老客源流失与新客源补充不足而必然会出现的经营问题。

◎ （5）周二到周四出租率不高原因是酒店的商务客源流失比较多，而且新商务客源拉新不足。

◎ （6）周日、周一出租率低主要原因是商务类客人住宿需求的增量还没有起来，周末休闲类客人在这个时间段需求不高，出现了城市整体需求下降的情况。

◎ （7）酒店收入下滑的 4 个征兆：低价房销售占比增加、中高价房型销量减少、老客占比增多、价格变动流程不规范。

◎ （8）低价房销售占比增大：在酒店经营过程中，一旦发现低价房型的销量过多、中高价房型的销量较少，则低价房的销售占比就会变大。

◎ （9）低价房销售占比增大会引发的问题：拉新客源和目前培育的老客源对价格都比较敏感，只接受较低的价格。也就是说，酒店目前培育的是低价客源，一旦酒店对低价房型进行提价，客人就会流失，出租率必然会下滑。

◎ （10）中高价房型销量减少会引发的问题：酒店的中高价客源在流失，酒店的收入会出现锐减的情况；即使满房，酒店的收入也可能会下降。

◎ （11）中高价房型销量增加的主要方式：必须注重对中高价房型产品调整、附加值、服务政策、消费福利的全面设计，否则，客人用价格购买的只是一个房间，而这个房间毫无价值感可言，客人对酒店的信任感和依赖度就会降低，流失的可能性就增大了。

◎ （12）老客占比如果出现增大的情况，则说明酒店的新客源开发不够。老客会限制酒店的价格变动：涨价了，老客不接受；降价了，老客会觉得以前的价格高，对酒店形成负面的看法。

◎ （13）价格变动先高后低的影响：会导致客人不愿意提前预订，而是等当天快入住时再看房型价格而定。因为周边的客人知道，酒店当天的房价相对较低，晚上还会甩更低的价格，所以订得越晚可能越便宜。

◎ （14）在市场需求低的特殊日期，可以通过降价或者甩房的方式提高出租率。

◎ （15）经营分析与市场预测的6个组合技法：出租率对比分析法、平均房价对比分析法、单房收益对比分析法、客源结构产出对比分析法、房型产出对比分析法、收益策略对比分析法。

◎ （16）出租率与平均房价对比分析逻辑：同比看增减，逐月看规律。

◎ （17）客源结构产出对比分析逻辑：识别出租率贡献最大的客源、识别开发难度较大的客源、识别开发难度较小的客源、识别高价客源、识别收入贡献最大的客源、识别客源收入贡献增量的可能性。

◎ （18）单房收益对比分析逻辑：识别单房收益贡献大的房型、识别单房收益贡献小的房型、对比分析单房收益贡献的影响因素。

◎ （19）收益策略对比分析逻辑：价格投放漏洞、主要成交方式、营销方式、推广方式、价格管理、库存管理、预留时间、消费体验。

◎ （20）价格投放漏洞：同房型之间价差太大，造成客源流失。

◎ （21）酒店的预留房消费间夜占比越大，酒店享受平台排名推送靠前的权益就越大，机会就越多。

◎ （22）预留房的时间给得越长，酒店享受到 OTA 排名靠前权益的时间就越长，排名越靠前，酒店的销售机会就越多；排名靠前的时间越长，销售机会就会越多。

◎ （23）市场机会与风险预测逻辑：平均房价与出租率平衡参考点、价格与出租率变动的最佳走向、机会与风险评估分析。

◎ （24）评估出租率提升效果的 5 个方法：客源流失分析法、新客获取分析法、营销活动效果评估方法、单房收益平衡评估方法、口碑打造风险与评估方法。

◎ （25）客源流失主要看订单数增减情况，而不是销售间夜。因为订单数代表了客人购买的次数，属于消费次数。消费次数是酒店在客源获取能力方面的直接表现。

◎ （26）新客获取的分析逻辑：营销活动推广的渠道、营销活动采取的主要方式、线下辅助手段。

◎ （27）营销活动效果评估方法：活动产生的间夜量对比、活动持续参与可能性分析。

◎ （28）设置营销活动规则的目的，是为了有效刺激客人产生购买欲望，而不是设置门槛、让客人减少购买欲望。条件越苛刻，客人选择的可能性就越低，也就违背了酒店参加营销活动的初衷。

◎ （29）单房收益平衡评估逻辑：检查平均房价与出租率的平衡关系、检查单房收益增长的可能性。

◎ （30）单房收益的增长，有赖于出租率和平均房价的平衡。

◎ （31）口碑打造风险与评估的逻辑：新增点评数量分析、新增好评观点分析、新增差评观点分析、酒店口碑打造的方式。

◎ （32）市场规划的3套组合方法：攻克短板营销优势、提升房型产出、提升客源结构产出。

◎ （33）房型产出提升分析逻辑：空置房收入损失计算、空置房滞销原因分析。

◎ （34）客源结构产出提升逻辑：对潜在增量客源进行细分、确认潜在增量细分市场的营销重点。

第二章

提高市场占有率，
强化渠道竞争力

【本章概述】

酒店日常开展收益管理工作时，最重要的环节是对实时竞争状态有较好的了解和判断，知道价格的趋势走向、市场需求的趋势走向、竞争对手竞争政策的特点等。把握好这些趋势，酒店的收益策略才能起到立竿见影的效果。

本章以讲述故事的形式，介绍宇儿小姐利用公明收益（RMS）的数据展示，临时调整酒店的收益策略，在较短的时间内有效提高了酒店的出租率，使酒店的市场占有率得到了明显的提升，OTA 渠道的竞争力明显增强。

2.1 市场流量与价格走势判断的 5 个盲点

尽管上个月宇儿酒店的单房收益翻了一番，创造了酒店连续亏损 3 年以来第一次盈利的好成绩，可是宇儿对现状并不满意。她想让酒店的整体经营策略都能够流程化、规范化运作，只有这样，酒店经营对她来说才是可控的。

在经营中，宇儿发现酒店虽然设置了引流价格，但是这个价格是否合适，宇儿心里没有谱。而且，酒店每天的流量并不稳定，是要用价格去撬动市场需求吗？难道就没有别的办法了吗？

所有没有想明白的事情都是有风险的。

为了更好地了解市场需求走势与价格承受力趋势，通过对"公明收益日报"的解读，宇儿惊喜地发现，市场趋势原来在这份日报中已经清晰地展现出来了。根据日报中的数据提示，宇儿调整了竞争策略，使酒店的曝光量、浏览量、转化率得到了明显的提升，酒店在 OTA 渠道的竞争力进一步加强，偶尔可以爬升到竞争圈市场占有率的第一名。宇儿的具体方法如下。

借助美团的"公明收益"，分析酒店的价格趋势、市场需求趋势、竞争趋势。打开方式如下：

（1）在美团商家后台点击"公明收益"；

（2）点击"早报 VIP 版"。

2.1.1　入住数据分析的盲点

1. 入住数据分析的盲点分析逻辑

（1）显性入住数据解读。

（2）隐性市场机会解读。

（3）入住预订进度与增速解读。

（4）入住间夜榜单解读。

（5）房费收入榜单解读。

2. 案例解析

（1）显性入住数据解读：

图 2-1 所示为收益早报 VIP 版界面，对图 2-1 所示数据，可做如下分析。

①数据模块识别：该模块共分为 3 类数据，第一类为入住数据，第二类为入住间夜明细，第三类为同行入住榜单。

②数据时间识别：该数据显示为 7 月 3 日的数据。

图 2-1　收益早报 VIP 版界面

③入住数据中，入住间夜 42 间，代表从美团渠道预订 7 月 2 日入住的有 42 间夜。在这 42 间夜中，有 7 月 2 日当天预订的间夜数，也有 7 月 2 日前预订的间夜数。

④入住数据中，房费收入为 6 907 元，平均房价为 164 元，即客人

在 7 月 2 日及之前在美团渠道预订 7 月 2 日入住的共计 42 间夜，平均房价为 164 元 / 间，实际产生的收入为 6 907 元。

（2）隐性市场机会解读：

①入住间夜数据下方显示，这个成绩超过 100% 的同行，同比上周增长 14%，即 7 月 2 日入住的 42 间夜数量超过了所有同行，是入住间夜最高的酒店，同比上周增长了 14%。

②房费收入数据下方显示超过 100% 的同行，同比上周增长 48%，即该酒店 6 907 元的房费收入超过了所有竞争对手，同比上周增长了 48%。

③平均房价数据下方显示超过 63% 的同行，同比上周增长 29%，即目前 164 元的平均房价已经比上周同期高了 29%，但并不是商圈中最高的，只是超过了 63% 的同行，说明该平均房价水平居中。

④疑问解答：那是不是说明，酒店 7 月 2 日的房间价格卖得低了？我们不能这样理解。在竞争对手中，有高价对手，也有低价对手。平均房价只是参与市场竞争中价格杠杆运用的表现。该环节可理解为：7 月 2 日的房间，酒店用 164 元的平均房价，实现了间夜量和房费收入都超过 100% 的对手，说明酒店的价格策略是对的。

⑤市场机会解读：从入住平均房价、入住间夜、房费收入较上周都有增长的角度分析，酒店的提价策略是有效的，在涨价的前提下实现了间夜量和收入的增长。同时也说明，在这个销售阶段，客人的价格承受能力比较高，有较多的中高价需求。

（3）入住预订进度与增速解读：

①数据来源：点击"入住间夜明细"，如图 2-2 所示。

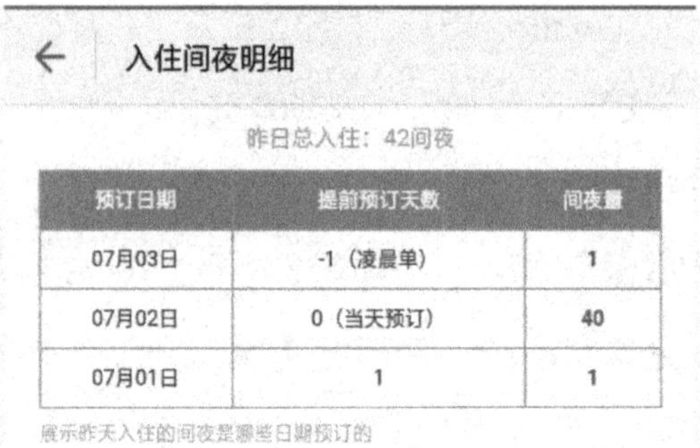

入住间夜明细

昨日总入住：42间夜

预订日期	提前预订天数	间夜量
07月03日	-1（凌晨单）	1
07月02日	0（当天预订）	40
07月01日	1	1

展示昨天入住的间夜是哪些日期预订的

图 2-2　入住间夜明细

7 月 2 日入住的房间，有 7 月 1 日预订的 1 间夜，也有 7 月 2 日当天预订的 40 间夜，还有 7 月 3 日凌晨入住的 1 间夜。

②数据分析：7 月 2 日入住的订单，几乎全部依靠当天预订产生，提前预订的只有 1 间夜。在酒店经营中，如果提前预订周期短、数量少，则酒店当天销售房间的压力就会增大，当天涨价的可能性就会降低。酒店要特别注意远期的投放价格（后文简称投价），争取更多远期的订单产生，以减轻当天的库存压力。

（4）入住间夜榜单解读：

①图 2-3 所示为“昨日同行入住榜”，数据显示，该酒店入住间夜在同行酒店中排名第 1。

②重要预警：排名第 2 及第 3 的酒店，也有很高的市场占有率，是与本酒店在商圈内抢流量的竞争对手。因目前无法确认其引流价格，所以尚不能确定上述酒店是酒店的高价对手还是低价对手。

图 2-3 昨日同行入住榜

（5）房费收入榜单解读：

①如图 2-4 所示，该酒店房费收入在同行酒店中排名第一。

②重要预警：在收入排行榜上紧随其后的分别是甲 ×× 和速 ×，而这两家酒店在入住间夜排行榜上分别居第 3、第 4 名。也就是说，它们的入住间夜虽少，但是收入较多，说明这两家酒店在 7 月 2 日通过较高价实现了销售数量少但收入较多的状态。7× 酒店入住间夜排第 2，但在收入榜上排第 4，说明该酒店在 7 月 2 日用较低的价格冲市场占有率，

提高了间夜量，即它在 7 月 2 日的价格策略是低价跑量，这也可以看出当天该酒店的库存压力较大。

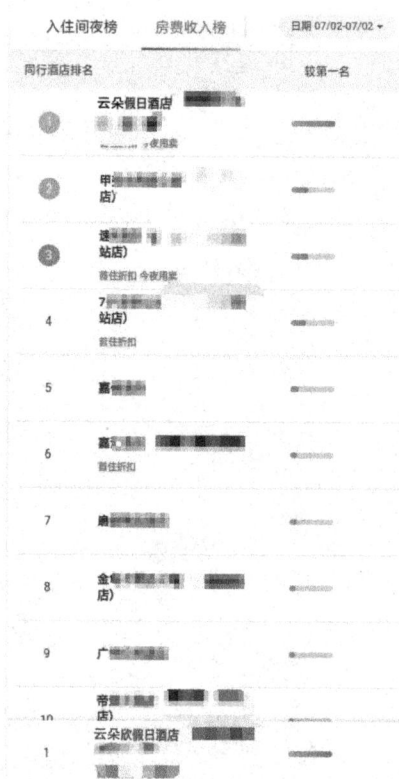

图 2-4　房费收入榜

3. 分析总结

（1）宇儿的酒店在远期预订只有 1 间夜的情况下，通过较好的价格策略，把平均房价做到了 164 元，实现了间夜排行榜第 1、收入排行榜第 1 的好成绩。

（2）鉴于速 × 等酒店是通过较高的价格、较低的间夜量实现了较高收入，说明酒店商圈中对中高价房的需求依然较多，宇儿的酒店依然有涨价的机会，应重点加强对中高价房型竞争力的打造。

（3）宇儿的酒店应着重考虑增加远期预订，减少当天的库存压力，为当天卖出更高的价格做准备。

2.1.2　销售数据分析的盲点

1. 销售数据分析的盲点分析逻辑

（1）显性销售数据解读。

（2）隐性市场机会解读。

（3）销售预订进度与增速解读。

（4）销售间夜榜单解读。

（5）销售收入榜单解读。

2. 案例解析

（1）显性销售数据解读：

从图 2-5 可以看出：

①有关销售的数据包含销售数据、销售间夜明细、同行销售榜单 3 个模块。

②实现销售 54 间夜，说明在 7 月 2 日当天，从美团渠道预订 7 月 2 日及未来日期的间夜量共有 54 间夜。

③销售订单共 49 单、销售收入为 8 602 元，说明在美团渠道，7 月 2 日当天产生 49 个订单共 54 个间夜量（有部分订单订了多个间夜），产生的收入是 8 602 元。这些订单中有在 7 月 2 日入住的，也有在 7 月 2 日以后入住的。

图 2-5　公明收益 VIP 早报——销售数据分析

（2）隐性市场机会解读：

①销售间夜下方数据显示，酒店的销售间夜超过 100% 的同行，同比上周增长 46%，即 7 月 2 日酒店销售的间夜数量居于竞争圈第 1 名，与上周同期相比增长了 46%，说明酒店在 7 月 2 日的价格政策有较好的竞争力，为酒店实现了间夜量（市场占有）的增长。如果销售间夜数下降，说明酒店当天价格投放较高、涨价太快或幅度较大，拒绝了部分有较低价格需求的客人。

②销售订单 49 单，超过 100% 的同行，同比上周增长 36%，说明该酒店当天的订单有 49 人次，居于同行第 1 名，同比上周购买人次增长了 36%。重要预警：购买人次增长，是酒店客源拉新的一种表现，间接说明酒店获得新客人的比例在增加，这是十分健康的表现。这个环节也再次说明，酒店在 7 月 2 日的价格政策有较好的吸引力，产生了 49 人次的购买；客人每购买一次，酒店的自然排名就会被向前推送一次，也等于提高了酒店的竞争力。

③重要盲点：在销售数据中，并没有显示销售平均房价，这需要我们进行计算，计算方式：销售额 / 销售间夜 =8 602/54=159.3 元。

④销售平均房价分析盲点：销售平均房价是 159.3 元，较入住平均房价 164 元低，说明在远期的预订中，中低价格比较多。从这一购买习惯可以看出两个市场趋势：第一，竞争对手的中低价房间空房较多，支撑了客人可以更好地预订中低价房型；第二，预警客人远期的价格承受力是 160 元以下价格房型，酒店如果想增加远期预订量，要注意对 160 元以下价格增加房型或增加库存。

（3）销售预订进度与增速解读：

从图 2-6 可以看出：

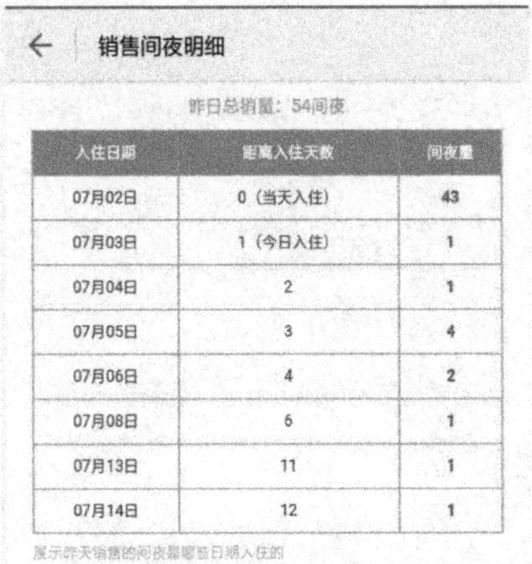
销售间夜明细

昨日总销量：54间夜

入住日期	距离入住天数	间夜量
07月02日	0（当天入住）	43
07月03日	1（今日入住）	1
07月04日	2	1
07月05日	3	4
07月06日	4	2
07月08日	6	1
07月13日	11	1
07月14日	12	1

展示昨天销售的间夜是哪些日期入住的

图 2-6　销售间夜明细

① 7 月 2 日酒店同时获得了未来不同日期的预订间夜数，预订周期最长的日期是 7 月 14 日；预订周期越长，说明未来市场热度越好，如果预订继续增加，酒店当天的销售压力就会越小，提价机会则越多。远期产生预订时，要特别留意远期最低价房型及被预订的房型的线上库存是

否足够，避免远期线上库存给得少，被预订后没有及时发现，长期未能及时补充库存，耽误酒店较多的销售时间。

②在远期预订中，要留意预订间夜数量较大的时期，同时检查酒店当天的库存；如果当天的库存不足40%，即当天出租率达到了60%，就可判断出酒店到了可以提价测试的时机。

（4）销售间夜榜单解读：

从图2-7可以看出：

图 2-7　昨日同行销量排名榜单

①酒店销售间夜量居于第 1 名。

②重要提示：酒店名称旁边有该酒店当天的引流价格。通常情况下，酒店的引流价格相对稳定；当天的引流价格也可视为前一天的引流价格（如酒店临时变动引流价频次与幅度较大，则此处显示的引流价格的准确度就不会很高，即引流价格不稳定，不宜过度依赖该分析方法）。

③重要预警：结合间夜榜单和引流价格能很清楚地看到，7× 酒店用 108 元的较低价实现了销售间夜第 3 名；最高引流价是速 × 酒店的 165 元，该酒店实现了间夜量排名第 4 名。这说明在当前的市场，108~165 元的房型被客人预订的可能性较大，且 108 元是畅销价格的低点，165 元是畅销价格的高点。主力房型设为 165 元以上，市场需求会逐渐减少。

（5）销售收入榜单解读：

①如图 2-8 所示，云朵酒店的销售收入居排行榜第 1。

②这份榜单排名再次验证了速 × 酒店用较高的价格实现了较好的间夜销售，也获得了较好的销售收入。

③重要预警：商圈内有中高价流量，但云朵酒店没有有效获取到高价客人的流量。宇儿应注重对中高价房型图片的优化，让房型的图片能够更好地体现酒店产品和服务附加值的亮点。

图 2-8　昨日同行销量排名榜单

2.1.3　市场占有率分析的盲点

图 2-7 所示的昨日同行销售间夜排行榜单，是指酒店昨日销售间夜量在竞争对手中的排名情况。销售间夜越多，说明酒店的市场竞争力越强，市场占有率越高。按照这样的逻辑推理，销售间夜量排行榜可理解为酒店的市场占有率排行榜。

如果酒店长期处于销售间夜排行榜的前几名，说明酒店在美团平台的销售间夜量贡献较高，同时可反映出酒店的转化率指标较高，这些指标都会较好地支撑酒店的排名靠前。

要合理分析占有率的优劣势，就必须结合销售收入排行来分析。比如，销售间夜处于排行榜第 1 名，但是销售收入处于排行榜第 4 名，则说明酒店用了较低的价格去抢市场占有率，虽然实现了市场占有的第 1 名，但是抢走的大多是商圈里的较低价客人，对中高价客人的获取并不够。

相反，如果酒店处于销售间夜排行榜的第 4 名，但是销售收入处于排行榜的第 1 名，则说明酒店在市场竞争中采用了较高价格投放的方法，避开了低价竞争，虽然市场占有率不高，但是取得了销售收入最高的业绩。从酒店长期稳健运营的角度看，该酒店有效获得了商圈内的中高价客人，当遇到市场流量较好的时期，酒店进行提价后，客人不至于出现较大的流失。

所以，关于市场占有率的分析，要结合酒店当前的收益策略来做评估，如果酒店当前的策略是以提高市场占有率（提高销售间夜量/出租率）为主要目的，那么销售收入排名略有下降是相对合理的。如果酒店当前的策略是以提高平均房价（提高收入）为主要目的，那么，可能会出现销售间夜（市场占有率）排名略有下降的情况，这样的状态也是相对合理的。

如果酒店当前的策略是提高市场占有率，但是出现了销售间夜排名与销售收入排名同步下降的情况，则说明酒店投放的价格偏高，造成了部分中低价客人的流失。

2.1.4 销售收入指数分析的盲点

图 2-8 所示的昨日同行销量排名榜单可理解为酒店收入排行榜，即酒店市场收入指数排名。

如 2.1.3 小节所述，酒店销售收入指数反映了酒店在美团平台的收入竞争力。如果酒店的销售收入在排行榜处于第 1 名，但是销售间夜在排行榜处于第 5 名，则说明酒店当前的策略是采用较高价投放的方法，期待在商圈内有效获取中高价客人，由此出现了销售间夜排名下降但销售收入排名提升的情况。

结合上述方法，也可以对竞争对手酒店的收益策略进行有效评估。比如竞争对手销售间夜处于排行榜的第 1 名，而销售收入处于排行榜的第 3 名，则说明该竞争对手采用了较低价格抢夺市场占有率，获得了销售间夜排名第 1 的好成绩。那么我们就可以看出，该竞争对手的价格投放有较强的获取间夜量的能力，我们在修正引流价格政策时，应参考该竞争对手进行调整。这样的竞争对手也可以视为我们的等价/同价竞争对手。

如果竞争对手的销售间夜处于排行榜的第 1 名，而销售收入处于排行榜的第 5 名，则说明该竞争对手是低价竞争对手，采用了较低价投放的方式来抢夺市场流量。因为价格较低，所以即使销售间夜量排名第 1，销售收入也不多。那么，该酒店就是我们可以参考的低价竞争对手。

如果竞争对手的销售间夜处于排行榜的第 4、5 名，但是销售收入处于排行榜的第 1、2 名，则说明该竞争对手采用了较高价投放的方式获取商圈内的中高价客人，虽然在销售间夜排行榜处于第 4、5 名，但是其销售收入处于排行榜第 1、2 名。由此可以对该竞争对手进行界定，该竞争对手是我们的高价竞争对手。

通过以上分析，我们就基本完成了竞争对手的定位分析，找到了引流价格定价参考的竞争对手：既找到了低价竞争对手，也找到了高价竞争对手。

那么，当酒店的出租率处于 60% 以下，我们在设置价格政策时主要参考低价竞争对手的价格；当出租率处于 60%~80% 时，主要参考等价或同价竞争对手；当出租率处于 80% 以上时，我们可以跳过低价竞争对手、等价或同价竞争对手，直接锁定高价竞争对手的引流价格。

所以，竞争对手是变动的，在出租率状态不同的阶段，竞争对手是不同的。

2.1.5　价格竞争力分析的盲点

在图 2-7 所示的销售间夜排行榜单中，明确显示了竞争对手最低引流价与最高引流价。在分析价格竞争力的时候，首先锁定最低价与最高价，然后在排行榜前 5 名中寻找间夜量排名靠前、收入排名也靠前的酒店。这样就基本可以确认当前市场中热销的价格下限和价格上限，以及最佳竞争力价格区间。比如上面所述，市场中热销价格的下限参考值为 108 元，上限参考值为 165 元，而 108~165 元就是最佳竞争力价格区间。酒店在修正价格政策时，应注意在 108~165 元多投放房型及价格。这样的投价能帮助酒店快速实现间夜量与收入的同步增长。

根据以上分析，宇儿对酒店价格竞争力提升、未来市场需求最佳价格投放区间设定、高低价竞争对手识别、酒店客源拉新是否有利好表现等环节有了深入认识，但是又出现了一个问题。

宇儿现在已经知道如何投放价格可以获取更多的订单，但这只是她的初级目标，她的真实需求是想卖出更多的高价，这就需要更多的流量支持。那么，怎么才能获取更多的流量？怎么去评估流量带来了哪些市场机会呢？

发现问题后，就一定会找到答案。在顾问的帮助下，宇儿找到了提升 OTA 渠道市场占有率的综合方法。

2.2　提升 OTA 渠道市场占有率的 6 个综合方法

2.2.1　曝光指数提升方法

曝光指数指酒店当前或某段时间累计的曝光量数据。

酒店要想使订单数量获得快速增长，首先要提高酒店在 OTA 渠道的曝光度。曝光度越高，酒店被客人浏览的可能性就越大，销售订单的可能性也就越大。具体方法有如下。

（1）参加场景类促销活动：在美团商家后台，点击"促销推广"后启动报名。

（2）场景类活动的内容有天天秒杀、夏日出游 6 折、端午出游连住特惠、七夕与中秋等节日营销活动及节日前后的连住立减等活动。这些活动都是季节性场景，美团在平台首页做主推，流量较大。

（3）开设钟点房：钟点房在美团酒店首页有流量端口。

（4）参加自促类活动：在"促销推广"中选择"自助促销"。

（5）自助促销活动有今夜特价、天天特价、首住折扣等活动。

（6）利用推广通、黄金展位、资源位兑换等推广方式，提高酒店的曝光量。

（7）获取曝光流量活动端口：参加砍价返现活动、上线必住榜单、参加今夜特价活动等。

2.2.2 浏览指数提升方法

浏览指数指酒店当前或某段时间累计的浏览量数据。

酒店获得了较高的曝光量，并不意味着客人一定会点击进入酒店的页面浏览并预订房间。所以，在解决了曝光量的问题后，必须尽快解决浏览量的问题。酒店的浏览量越高，说明查看酒店页面的客人越多，酒店的销售机会也就越多。同时，浏览量反映了酒店首图、引流价、评分等指标吸引客人的能力。

浏览指的是客人看到你的酒店信息点击进入酒店的页面。

影响浏览量的因素按重要性依次为：首图质量、酒店位置、引流价格、评分、参与折扣活动的减免额度、参与活动的标签（常见标签有会员折扣、新客折扣、暑期特惠等）、客源属性标签（常见标签有商务出行、情侣酒店、亲子酒店等）。所以，酒店要想快速提高浏览量，就必须参考商圈内优秀的竞争对手，检查并分析自己酒店与竞争对手在如上环节的差距。要做到竞争对手有的我也有，竞争对手和我都有的我要比竞争对手更优秀。

重要即时性影响因素：当前预订。酒店每新产生一次预订，酒店在商圈等的排名就会自动靠前一点。这是酒店排名被自动向前推送的重要影响因素。酒店要充分利用好这个将排名推送向前的因素，就要合理使用引流价格，争取在每个小时内酒店在 OTA 平台都有不低于 1 间夜的预订产生，这样可以保障酒店的排名始终靠前。

客人的浏览属性：如果客人曾经浏览过你的酒店，当他再次打开商圈找酒店时，你的酒店的排名自然会靠前，这是一次曝光；如果客人再次点击浏览你的酒店，你的酒店就会获得一次浏览量。所以，在这个环节我们可以明确地发现，只要酒店的排名始终靠前，就可以有效获取更多客人浏览的机会。只要某个客人浏览过你的酒店，不管当时有没有预订，当他下次打开这个商圈时，你的酒店会在第一时间被推送给这个客人。这就是隐性的排名推送。

2.2.3 转化率指数提升方法

这里的转化率是指从浏览到支付的转化率。转化率指数指酒店当天或某段时间累计的转化率数据。OTA 在计算酒店排名时，历史曝光量、浏览量、转化率是重要的参考数据。这类数据值越大，说明酒店的受欢迎度越高，平台推送该酒店后，客人预订的可能性就越大。这也是很多酒店一到预订高峰期，排名就会快速靠前的主要原因。

在这个环节，经常会出现的问题是，到了旺季，酒店线下客源流量较大，或者酒店接待了会议/团队剩余房间数量不多时，部分酒店为了卖出更高的价格，在 OTA 关闭了房型。关闭房型后，酒店的排名会被置底，平台会自动推送有大量预留房的酒店。这样一来，关闭了房型的酒店曝光量、浏览量、转化率等指标就会快速下降，从而拉低酒店当月的历史曝光量、浏览量、转化率。这也是很多酒店在旺季结束，或者参加会议的团队离店后，酒店想要在 OTA 上产生更多预订时发现酒店的排名很靠后的主要原因。

排除以上特例，酒店在正常经营的情况下，当转化率无法快速提升时，应着重注意以下几个方面的影响因素。

（1）影响转化率提升的第一个障碍：引流房的房型不合适。通常，酒店的大床房型的市场需求度较高，所以大床房型设置为引流房效果较好。但部分酒店的双床房相对滞销，就用双床房做引流。不同的房型在不同的季节，引流效果是完全不同的。比如在淡季，本地客源需求占比较大，应该使用大床房做引流；在旅游旺季，市场对双床房的需求较大，酒店应该使用双床房进行引流。也就是说，在设置引流房时，应根据不同时期客源对某类房型的需求情况而定。有需求增量的房型，是未来某一时段的畅销房型，用这样的房型来引流效果最好，酒店的转化率也能相应提高。还有另外一种可能：部分酒店的大床房数量较多，双床房数量较少，所以使用大床房来引流，但最后发现酒店不能满房的主要原因是双床房总是卖不完。遇到这种情况，酒店就应该使用双床房来引流，把滞销房型尽快销售出去，然后用相对畅销的房型，通过阶梯式涨价的方式，提高酒店的收入。

（2）影响转化率提升的第二个障碍：引流房房价与主力房最低价的价差太大。比如，宇儿的酒店设置了特惠双床房 130 元作为引流价，但在商圈的酒店列表页，客人只能看到引流价格，而不知道其对应的房型究竟是大床房还是双床房。这时，如果客人本来想订双床房，刚好酒店在用 130 元的双床房引流，那么客人下订单的可能性就很大；如果客人本来想订大床房，而宇儿酒店大床房的最低价格如果是 168 元，与引流价 130 元的价差达到 38 元，客人会觉得价差太大，因而会退出宇儿酒店的页面，这样就会出现酒店浏览量较高但转化率较低的现象。宇儿如果把大床房的最低价设为 139 元或 149 元，因为与引流价格的价差比较小，客人接受度较高，酒店的大床房销量自然就会增多，转化率也会相应提高。

（3）影响转化率提升的第三个障碍：各房型无具体的图片展示，或图片没有突出房间的亮点，无法有效刺激客人的购买愿望。提供各个房型的照片，是为了让客人在最短的时间内看到自己将预订的房间的全貌。客人对房型状况越了解，下单的可能性就越大。所以，展示图片务必要能最大化地体现房间的优点，但也不能过度美化照片。如果过度美化房型照片，会让客人对房间的期待变高，到店后发现房间不如照片中的效果好，反而容易给出差评。

2.2.4　价格竞争力控制方法

价格竞争力的控制节点，主要在引流价、主力房最低价、各房型价差设计这 3 个环节。具体步骤包括以下 7 步。

（1）价格确认：根据公明收益 VIP 日报销售数据中关于同行销售榜单的信息，找到最低价与最高价的价格参考点，然后根据销售间夜排行榜单与销售收入排行榜单的前 5 名，确认最佳竞争力价格区间。

（2）根据酒店目前在美团渠道的竞争力设置引流价格。如果酒店在美团渠道销量较大，浏览量、转化率等指标较高，可以选择在最佳竞争力价格区间的最低价投放引流价格；如果酒店是新店或者平时销量很少，则需要先找到排行榜中引流价格最低的酒店，参考该酒店的引流价格进行投放；如果你的产品质量好，酒店档次高于目前最低价的酒店，那么你的订单获取能力会较快提升。

（3）主力房属性确认：酒店主力房指在最低价（引流价）之上，同时在酒店最高价房型之下的所有房型。主力房可根据大床和双床进行分类，分出大床房主力房型的高中低价和双床房的高中低价。比如，酒店的引流价格是 138 元，引流房型为经济大床房；同时酒店的大床房还有舒适大床房 168 元、豪华大床房 198 元、景观大床房 218 元，那么，该酒店的大床房主力房型分别为低价 168 元、中价 198 元、高价 218 元这3 档价格的房型；如果酒店的双床房有经济双床房 178 元、豪华双床房199 元、景观双床房 229 元，则该酒店双床房的主力房型分别为低价 178元、中价 199 元、高价 229 元这 3 档价格的房型。

（4）主力房价格设置：主力房价格投放主要以酒店当前的平均房价为参考线，在平均房价上下投放主力房价格即可快速提高酒店的销量。

（5）完成以上投价后，观察预订进度与预订增速，当预订进度靠前，则给当天房间的销售创造了涨价的机会；如果预订增速较快，则可以对预订较多的房型（库存较少）进行涨价测试。

（6）房型价差控制：同类房型之间的价差不宜超过 30 元。

（7）涨价频率控制：酒店每一次涨价都要进行观察测试，如果涨价后长时间没有订单，说明涨价太高了；如果涨价后依然有较多订单，说明还可以涨价。通常，在同样满房的情况下，酒店多次涨价比一次涨价的收入多，客源流失量少。所以，酒店涨价的频率宜多次少涨，而不是一次涨价过高。

2.2.5　出租率拉升控制方法

（1）出租率拉升原则：出租率在 60% 以下时，要保证引流房（最低价房）有足够的供应量。

（2）库存管理：在冲击出租率时期，酒店在美团渠道不可出现关房状态，如果酒店某低价房型卖完后直接关房，平台会自动识别出酒店的最佳竞争力可售房型并停止供应，酒店的销售产出就会降低。平台会自动推送库存数量大、价格较低的竞争对手的酒店，而你的酒店的排名权重则会降低。在这个环节，要特别注意酒店给平台的预留房的房型、价格与数量。如果在市场流量高峰期，酒店的中低价格房型预留房数量已经消耗完，而且没有增加库存或者出现了关房，平台就会优先推送有库存、性价比较高的酒店；如果这时你的中低价房型有库存，但是距离你预留房的有效时间只剩下半个小时，平台则会优先推送中低价房型预留房库存较多且预留时间比你长的酒店。可见，平台始终主张在最短的时间内向客人推荐其最可能接受且订房后无到店无房、临时涨价风险的酒店。如果你的预留房数量较少，一旦你的酒店排名靠前，若出现临时涨价，平台对你的酒店这次排名的推送就不够精准，就浪费了一次平台推送的机会。

（3）当出租率达到 60%~80% 时，酒店的引流房及主力房的低价房型已经基本售完，这时不可关闭引流房型，可以对引流价进行提价，提价额度参考主力房型的最低价即可。比如，宇儿酒店的引流价是 130 元，主力房大床房的最低价是 158 元，这时，可将引流价提价到 151 元，倒逼客人更愿意预订 158 元的房型，从而提高酒店的平均房价。即使客人用 151 元预订了引流房，酒店也实现了涨价售房的目的。

（4）在出租率为 60%~80% 时，酒店要加强对"高价房型降低空置率"

经营思路的执行管控，可以对目前预订价格较高的客人，在其办理入住时为其升级到高价房型。这样就可以把被预订的畅销房型空出来再卖一次。因为畅销房始终是畅销的，是有涨价机会的。

（5）在出租率达到 80% 以上时，要确认是否有涨价机会。确认的参考条件是酒店当天还有多少有效销售时间，如果有效销售时间较长，满房的可能性较大，可在不关闭房型的情况下对主力房型的中低价进行提价，在不减少各房型销售机会的情况下，实现涨价满房的目的。

2.2.6　单房收益平衡控制方法

（1）单房收益平衡原则：以目标单房收益为导向，通过控制平均房价，避免出现快速或断崖式上涨，支撑酒店以当前具有较强竞争力的价格提高市场占有率，进而提高酒店的出租率。这样就可以实现在酒店平均房价不下降的同时，快速提升出租率。

（2）控制方法：比如宇儿酒店目前的出租率为 82%，平均房价为147 元，单房收益为 120.54 元。这组数据说明宇儿酒店目前培养的客源愿意接受的平均价格是 147 元（即客源的平均消费能力是 147 元）。如果酒店要更好地提高市场占有率（出租率），则必须控制平均房价不要出现较大的增长，实现出租率的稳步提升。

（3）控制单房收益平衡的雷区：很多酒店在月度出租率稳定在 80%以上后，就开始对引流房和主力房进行涨价。然而一段时间后，虽然酒店单房收益没有减少或略有增长，但是因为平均房价快速上涨，出租率快速下跌。这是因为酒店涨价后，在较短的时间内流失了大量客人。这时，酒店迫于出租率快速下降的压力，又会通过降价来提升出租率，但是客人一旦流失，争取他们回来的价格成本和时间成本会更大。所以，酒店要想实现稳健经营，一定要避免平均房价大起大落。

通过对公明收益 VIP 日报相关数据的分析，宇儿了解了怎么让自己的曝光量、浏览量、转化率获得提升，同时通过对价格趋势、需求趋势、竞争对手价格竞争力区间、市场占有率、价格竞争力指数、收入指数等因素的分析与判断，对酒店当前和下一步收益策略如何调整有了清晰的思路。但是，宇儿又发现一个新的问题：怎样在日常工作中评估当前数据的劣势呢？怎么去判断当前做得好还是不好呢？

顾问提醒宇儿，对数据进行诊断分析时，必须把握一个基本原则：数据是一个相对值，而不是绝对值。对这样的数据进行分析，主要是找到参考。在任何时候，投放价格都达不到绝对的准确，价格必须根据市场需求和库存情况进行灵活的调整，才能有效保证酒店天天满房。

2.3　评估 OTA 渠道市场占有率提升效果的 5 个关键点

为了进一步提升酒店在 OTA 渠道的竞争力，宇儿根据顾问的指导，为酒店团队总结了"评估 OTA 渠道市场占有率提升效果的 5 个关键点应用方法"，作为店长日常工作的执行参考。

2.3.1　曝光、浏览、转化率综合分析应用关键点

如图 2-9 所示：

图 2-9 昨日流量分析

（1）"我的酒店"数据显示：曝光人数 1 826、浏览人数 290、支付人数 48。其中，从曝光到浏览的转化率是 15.9%，从浏览到支付的转化率是 16.6%。

（2）"我的酒店"数据理解：昨天酒店通过参加美团的各种活动及使用推广方法，获得了 1 826 人次的曝光，其中有 290 人浏览了酒店，但只有 48 人预订。仅根据这些数据，缺乏同类对比的话，我们很难判定这样的数据好还是不好。所以，我们需要对竞争秩序进行基本的了解。

（3）竞争状态之同行均值：昨天同行的曝光人数均值只有 484 人次，

其中有 74 人浏览了酒店，只有 6.7 个人预订。从这个数据对比可以看出，本酒店的上述数值很高，说明本酒店昨天在美团渠道的竞争力很强，获客能力也很强。同时也可能说明一个问题：本酒店的销量这么高，可能是中低价房销量比较多，价格则可能卖得低了。

（4）竞争状态之"同行第一"：从数据看，同行第一名的曝光人数为 711 人次，浏览人数为 114 人次，支付人数为 21 人次，这些数据都比本酒店的要低，它怎么能是同行第一呢？应该是本酒店排在第一名呀！这个对比的逻辑是这样的：该组数据在做对比的时候，把本酒店的数据剔除在同行数据之外了。也就是说，同行的均值数据中并没有本酒店的数据。

如图 2-9 所示，同行第一名的酒店从曝光到浏览的转化率为 16%，本酒店从曝光到浏览的转化率是 15.9%；同行第一名的酒店从浏览到支付的转化率为 18.4%，本酒店从浏览到支付的转化率是 16.6%。从这个角度看，两类转化率中本酒店的数据都低于同行第一名的酒店。这时，我们必须验证一个问题：是不是本酒店的转化率低于某个酒店，就说明本酒店的竞争能力一定不如对方呢？

我们再来看实际的曝光人数、浏览人数、支付人数。通过以上对比可以看出，本酒店的曝光人数为 1 826 人次，是同行第一名的 711 人次的约 2.57 倍；本酒店的浏览人数为 290 人次，是同行第一名的 114 人次的约 2.54 倍；而本酒店的支付人数是 48 人次，是同行第一名的 21 人次的约 2.29 倍。综合来看，本酒店在流量获取、销售次数、交易人数方面都强于竞争对手。

这种情况可能说明了两个问题：一是本酒店昨天的销售次数很多，是因为价格设得较低，用价格换取了成交量，提高了市场占有率；二是同行昨天线下客人和续住客人较多，导致线上房间的供应数量较少。

为了验证这个分析，宇儿与店长回忆了竞争对手昨天在美团渠道可售房型的数量，发现竞争对手除钟点房之外，所有房型都在全天销售，而且在 20 点左右开始降价甩房，这说明竞争对手昨天有大量空房，在白天时间投价较高，给了本酒店抢夺流量的机会；到了晚上竞争对手降价了，而这个时候，本酒店因为预留房、预留时间、价格投放、当天销售热度（排名推送机会）都优于竞争对手，所以本酒店在同一销售高峰期内比竞争对手的销售机会多一些。

数据优劣势如何判定？

（1）判定逻辑一：昨天本酒店的曝光、浏览、支付数据都很高，是不是就一定说明房间的价格卖低了？这个分析推理不完全正确。酒店在平台上当天销售的房间数量多，还与酒店当天的库存及给美团预留的库存数量有关。别的酒店卖得少，也可能是因为它们在其他平台、旅行社、自来散客、团队等细分市场或渠道有提前预订量，当天给美团的库存少。评判酒店对房间的价格是不是卖低了，最重要的参考标准是酒店昨天是否提前满房了。如果满房过早，就说明价格卖得低了；如果是最后一个预订高峰期满房的，说明价格是合适的。

（2）判定逻辑二：要从以上数据看酒店未来潜在获益的可能性。酒店在平台上的竞争，实际上是曝光量和浏览量的竞争。要想让这两个数据同时得到增长，酒店在平台上的排名就很重要，排名越靠前，被有效曝光和浏览的机会就越大。而平台计算每一个酒店排名权重时，会综合考虑酒店的历史曝光量、浏览量、支付人数、转化率、消费间夜量、消费额度、最低价销售时长、预留房数量、预留房消费间夜占比等因素。

如上述数据都比较高，酒店的排名计算权重就会较高。

如果酒店在如上环节的数据表现好，高于均值，那么酒店在未来的排名权重就会提高。所以，看到这样的数据之后，宇儿才放心，因为自己酒店在美团渠道上的竞争力（获客能力）在未来还是有优势的。

2.3.2　确认敏感价格线的关键点

价格是酒店在平台上的竞争活力的表现。如果价格投放不准，酒店即使有曝光量和浏览量，其支付率依然很低。而消费间夜量、消费额度、最低价等因素，又会影响酒店未来在平台的排名权重。这也是很多酒店使用了推广通，投放了展位，花了不少钱，但是效果不理想的主要原因。只有上述因素都运用得好，酒店在平台上的价值产出才会特别大。

店长问宇儿：酒店的敏感价格线到底在哪里呢？

"就是我们目前的平均房价。"宇儿说。

我们之所以要每天关注公明收益的 VIP 早报，就是要确认酒店的入住平均房价和销售平均房价的走势。如果销售平均房价在走高，说明市场需求很旺，而且客人愿意支付的价格较高，酒店可以考虑涨价。如果销售平均房价在走低，说明今天及未来几天，竞争对手都有大量的中低价房型，酒店暂时没有涨价的机会，应该以平均房价为参考，在平均房价以下多投放几个价格，加快酒店的预订进度，提高预订量。

2.3.3　撬动市场需求投放价格参考点的关键点

要想有效撬动市场需求的投价参考点，就要在同行销售榜单的"销售间夜榜单"和"销售额榜单"中查看排名中的最低价与最高价，找到投价区间。而最佳的投价区间，是销售间夜榜单中排名前 5 中的最低价和最高价的之间。找到这两个价格后，我们就可以锁定引流房投价和主力房投价的区间了。比如，宇儿酒店目前的竞争力比较强，那么引流价格就应锁定在排名前 5 的最低价，比这个最低价略低一点，然后把主力房的价格放在前 5 名的最低价和最高价之间即可。

2.3.4　把握价格机会的关键点

把握价格机会的关键点，主要是检查销售平均房价是上涨还是下降。如果提示是下降趋势，说明竞争对手的中低价房型库存较多，暂时没有涨价机会，应该调低酒店的引流价，或者当前的引流价格不变，增加库存，提高酒店最低价的销售量，间接提升酒店的市场占有率。

2.3.5　有效提升市场占有率的关键指标

检查一个酒店的市场占有率水平，主要通过同行销售榜单中的"销售间夜榜"来识别。酒店在榜单上排名越靠前，说明市场占有率越高。要检查酒店当前的收益策略对酒店提高市场占有率是否有效，就要看酒店在这个榜单的排名是否在上升，如果排名在上升就是有效的。反之，价格投放可能偏高，而且同房型之间的价差可能偏大，就要调整策略。

宇儿小姐带领收益团队，结合公明收益 VIP 日报提供的各类信息，了解了怎么让酒店的曝光量、浏览量、转化率获得提升，同时通过对价格趋势、需求趋势、竞争对手价格竞争力区间、市场占有率、价格竞争力指数、收入指数等环节进行综合分析，临时调整了收益策略，使酒店在美团的综合竞争力几乎每天都处于销售间夜量与销售收入前三名的优势地位。更可喜的是，宇儿看到了酒店团队的平台综合运营能力的有效提升。

但是，酒店的收入增长遇到了天花板，难以获得较大幅度的提高。这虽然是件让人苦恼的事，可宇儿反而挺高兴，因为她相信，发现新的问题后，就一定会找到解决的办法。

宇儿又开始了新方法的研究……

｜本章小结｜

◎ （1）市场流量与价格走势判断的5个盲点：入住数据分析盲点、销售数据分析盲点、市场占有率分析盲点、销售收入指数分析盲点、价格竞争力分析盲点。

◎ （2）入住数据分析逻辑：显性入住数据解读、隐性市场机会解读、入住预订进度与增速解读、入住间夜榜单解读、房费收入榜单解读。

◎ （3）销售数据分析逻辑：显性销售数据解读、隐性市场机会解读、销售预订进度与增速解读、销售间夜榜单解读、销售收入榜单解读。

◎ （4）市场占有率分析逻辑：销售间夜量排行榜可理解为酒店市场占有率排行榜，即酒店的市场占有率排名。

◎ （5）销售收入指数分析逻辑：销售收入排行榜可理解为酒店收入排行榜单，即酒店市场收入指数排名。

◎ （6）价格竞争力分析逻辑：在销售间夜排行榜单中，明确显示了竞争对手的最低引流价与最高引流价。

◎ （7）提升 OTA 渠道市场占有率的 6 个综合方法：曝光指数提升方法、浏览指数提升方法、转化率指数提升方法、价格竞争力控制方法、出租率拉升控制方法、单房收益平衡控制方法。

◎ （8）转化率提升的 3 个主要障碍：引流房型不合适；引流房房价与主力房最低价的价差太大；各房型无图片展示，或图片没有突出房间的亮点，无法有效刺激客人的购买愿望。

◎ （9）价格竞争力的控制节点，主要在引流价、主力房最低价、各房型价差设计这 3 个环节。

◎ （10）主力房属性确认：酒店主力房指在最低价（引流价）之上，同时在酒店最高价房型之下的所有房型。主力房可根据大床和双床进行分类，分出大床房主力房型的高中低价和双床房的高中低价。

◎ （11）主力房价格设置区间：主力房价格投放主要以酒店当前的平均房价为参考线，在平均房价上下投放主力房即可。

◎ （12）房型价差控制：同类房型之间的价差，不宜超过 30 元。

◎ （13）涨价频率控制：酒店每一次涨价都要进行观察测试，如果涨价后长时间没有订单，说明涨价太高了；如果涨价后依然有较多订单，说明还可以涨价。通常，在同样满房的情况下，酒店多次涨价比一次涨价的收入多，客源流失量少。所以，酒店涨价宜多次少涨，而不是一次涨价过高。

◎ （14）出租率提升控制方法：出租率在 60% 以下时，要保证引流房（最低价房）有足够的供应量；出租率达到 60%~80% 时，如果酒店的引流房及主力房的低价房型已经基本售完，不可关闭引流房型，可以对引流价进行提价，提价额度参考主力房型的最低价即可；在出租率达到 80% 以上时，要确认是否有涨价的机会，确认的参考条件是酒店当天还有多少有效销售时间，如果有效销售时间较长，满房的可能性较大，可在不关闭房型的情况下对主力房型的中低价进行提价，在不减少各房型销售机会的情况下，实现涨价满房的目的。

◎ （15）单房收益平衡原则：以目标单房收益为导向，通过控制平均房价，避免出现快速上涨或断崖式下降，支撑酒店以当前具有较强竞争力的价格提高市场占有率，进而提高酒店的出租率。这样就可以实现在酒店平均房价不下降的同时，快速提升出租率。

◎ （16）酒店的稳健经营，一定要避免平均房价大起大落。

◎ （17）通过对公明收益 VIP 日报相关数据的分析，可以知道怎么让酒店的曝光量、浏览量、转化率获得提升；同时通过对价格趋势、需求趋势、竞争对手的价格竞争力区间、市场占有率、价格竞争力指数、收入指数等因素的分析，明确酒店当前和下一步收益策略的调整思路。

◎ （18）评估 OTA 渠道市场占有率提升效果的 5 个关键点：曝光、浏览、转化率综合分析，确认敏感价格线，撬动市场需求投放价格参考点，把握价格机会关键点，有效提升市场占有率的关键指标。

◎ （19）酒店在平台上的流量竞争，实际上是曝光量和浏览量的竞争。要想让这两个数据同时获得增长，酒店在平台上的排名就很重要，排名越靠前，被有效曝光和浏览的机会就越大。

◎ （20）平台计算每一个酒店排名权重时，会综合考虑酒店的历史曝光量、浏览量、支付人数、转化率、消费间夜量、消费额度、最低价销售时长、预留房数量、预留房消费间夜占比等因素。

◎ （21）检查一个酒店的市场占有率水平，主要通过同行销售榜单中的"销售间夜榜"来识别。酒店在榜单上排名越靠前，说明市场占有率越高。

第三章

筛选竞争对手，
提高产品竞争力

【本章概述】

通常情况下，酒店出租率稳定到一定的程度后，很难再有较大的突破，其主要原因是酒店的定价政策受竞争对手的影响。当本酒店价格提升而竞争对手还没有提价时，酒店的销售情况就会很不理想。出现这种问题的主要原因是选错了竞争对手。

本章介绍宇儿小姐在打造房型竞争力的过程中，发现不同房型对应不同的竞争对手，通过对竞争对手的筛选，宇儿明确了打造房型产品竞争力的方式，破解了酒店被竞争对手牵制的难题。

3.1　中高价房型难以销售的原因解析

通过对公明收益 VIP 日报提供的各类信息进行综合分析，宇儿临时调整了酒店的收益策略，使酒店在美团的综合竞争力在较长时间处于前三名的优势地位，出租率稳步提升到了 90%。但是平均房价始终没有得到突破，反而从上个月的 147 元下降到 136 元，本月的单房收益为 122.4 元，较上个月的 120.54 元只增长了 1.86 元。

宇儿发现，收入没有提升的根本原因还是在于高价房型的价值产出不够。酒店的低价房型和中价房型相对好销售，高价房型通常难以按照原价出售，更多的是通过低价房升级的方式降低空置率。虽然出租率上升倒逼酒店的收入在增长，但是，以收益最大化为经营目标的宇儿尝试找到解决高价房型销售难的方法。

3.1.1　房型竞争力处于劣势

（1）酒店引流价格对中高价房的影响：通常客人是否在商圈内选择某一家酒店，或者认定某一家酒店的价格档次，不是从酒店的高价房去识别的，而是根据酒店的最低价即引流价进行价格档次的识别。客人看到引流价格后，之所以会进入酒店的页面浏览，是因为这个价格符合他选择酒店的价格档次。如果酒店的引流价与中高价房型价差太大，客人选择的可能性就较低，流失的可能性就会增大。所以，引流价是影响酒店中高价房型销售的第一个原因。

（2）客源结构对中高价房的影响：宇儿酒店就遇到了这样的问题，她长期通过引流价与主力房的最低价去抢夺市场流量，虽然获得了销售间夜量与销售收入排名保持前三名的优势地位，获得了有效的竞争力，但是这样的价格吸引和培养了大量的较低价客源，这类客源对中高价房型的价格接受度很低。

（3）竞争对手对中高价房的影响：如果周边有相对高价的竞争对手，且对方的主力房的最低价格刚好投放在你的中高价房型价格的区间里，那么，客人通过价格去选择酒店时，选择高价对手的可能性更大。因为引流价从侧面反映了一个酒店的综合接待与服务品质。客人会觉得自己在这个酒店订的房型已是高价，但是对另一个酒店来说还是较低价格，说明另一家酒店的设施设备、酒店档次、服务水准肯定高于这家酒店，因此客人更愿意选择高价酒店中的较低价房型，认为后者的性价比更高，服务水平也相对更有保障（虽然现实是有些酒店的服务品质并不能支撑酒店的高价，但客人在选择酒店时往往比较主观）。

3.1.2　打造房型竞争力

打造房型竞争力的点比较多，其中重要敏感的节点具体如下：

（1）房间面积：同类房型，面积越大，舒适感越好。

（2）窗户：同类房型，窗户越大，通风、采光、观景、住宿体验越好。

（3）早餐：提供早餐的房型或酒店，竞争力高于不提供早餐的酒店。

（4）预订政策：可取消、可限时取消的预订政策，比不可取消的预订政策更受客人欢迎。

（5）房型参与的营销活动：同一个房型参与的营销活动越多，获得平台曝光的机会就越多。

（6）房型图片：房型图片质量越高，越能突出房间的特色、舒适性，比图片质量差或不提供图片的房型更容易被客人预订。

（7）价格：客人更愿意接受同类型、同档次、同质量房型的较低价格或较优惠价格。

（8）性价比：客人在预订房间时，价格只是刺激其购买愿望的第一个因素，高性价比才是决定因素。因此，中高价房型必须有能打动客人的增值服务，让客人认为价格虽然高但依然有较好的性价比优势。

3.2 正确选择竞争对手的两类测评方法

宇儿就以上因素对自己的酒店进行了全面分析，但是她依然不明白：我的酒店排名比较靠前，获取流量的能力相对较强，应该也有很多中高价客人能看到我的酒店，但是酒店的中高价订单却并不多，那么中高价客人去了哪里，最后选择了哪一家酒店呢？

宇儿的这个疑问，在"公明收益同行动态"中找到了答案。打开方式：公明收益—同行动态 VIP—发现同行。

3.2.1 流失数据测评方法

图 3-1 展示了酒店的流失去向、流入订单、学习榜样、同商圈酒店

这 4 个主要浏览功能。现在，宇儿小姐就流失去向功能的解析方法，对店长进行了以下培训。

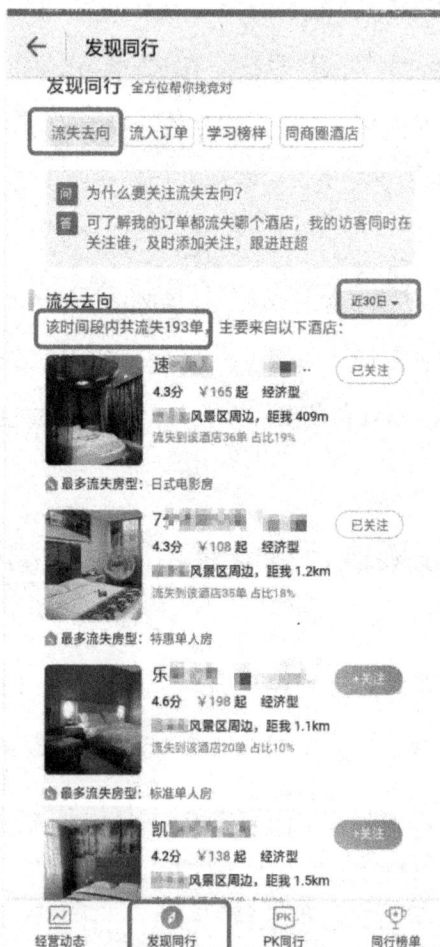

图 3-1　"公明收益同行动态"VIP 版——发现同行

1. 浏览关键点

（1）发现同行：选择流失去向。

（2）时间维度：选择近 30 日。

（3）流失数据总量：如图3-1所示，近30日本酒店共流失订单193单。

2. 分析方法

（1）订单流失数量对比：订单流失量即竞争对手在客源拉新的过程中抢走的本酒店的新客源，这对本酒店客源的拉新产生了较大的负面影响。本酒店客源拉新不够，如果再有老客流失，则酒店出租率在短期下降的可能性会很大。

（2）流失房型：主要分析本酒店的订单流失到竞争对手什么样的房型，是大床房还是双床房。

（3）流失价格：流失价格比较低的，说明是酒店的低价对手抢走了本酒店的较低价客人；流失价格比较高的，说明是酒店的中高价对手抢走了本酒店的中高价客人。

（4）距离：距离本酒店较近，说明抢走的是本酒店周边潜在的常驻客人。距离本酒店远的，则反之。淡季时酒店以周边客源消费为主，所以本酒店的竞争对手相对集中在周边；旺季会有大量的外埠客源进入本城市，他们对双床房的需求会增加，本酒店的竞争对手就不再是周边的酒店了，覆盖范围可能会更大。

3. 案例解析

（1）距离与竞争对手的关系：我们常常以为，附近的酒店就是我们的竞争对手。然而，这个认知只是我们的认知，并不是客人选择酒店时的思维模式。比如，距离本酒店1.2公里的7×，依然抢走了本酒店的35个订单，并不是我们想象中的"隔壁"或"对面"的酒店。

（2）价格层面排查：在竞争对手中，引流价格明显高于本酒店的是速×与乐×公寓，从本酒店流失到这两家酒店的订单数分别为36单与

20 单，这说明本酒店的中高价房型就是被这两家酒店抢走的。

（3）流失订单较多的房型：大床房。说明本酒店的大床房型没有足够的吸引力。房型的吸引力要通过房型的照片以及预订政策去加强。

（4）流失数量最大的高价房型：本酒店有很多订单流失到速 × 的日式电影房。速 × 的这类房型有观影的附加值，而且面向的大多是情侣客人。即本酒店的高价情侣客人被速 × 酒店的日式电影房型抢走了。

3.2.2 流入数据测评方法

图 3-2 展示了流入订单的酒店、房型、价格等细节，其分析方法如下。

1. 选择分析时间维度

近 30 日。

2. 分析逻辑

（1）流入房型：从房型维度看，从竞争对手处流入本酒店的订单主要是双床房。其中速 × 酒店流入本酒店的是温馨情侣大床房，说明本酒店有获取速 × 酒店情侣客人的相对优势。

（2）流入价格：经对比发现，流入到本酒店的双床房订单有的来自引流价格较低的酒店，这些酒店的引流价格为 88 元、108 元。也就是说，本酒店的双床房吸引了低价竞争对手的低价双床房客人。这是本酒店平均房价不能有效提高的一个主要原因。

（3）对手层级识别：除速 × 之外，本酒店对流入订单的吸引能力主要集中于低价竞争对手。也就是说，对速 × 这样的高价竞争对手，除情侣客人外，本酒店没有明显的竞争力，只能通过较低价格抢夺其客源。而且，本酒店从速 × 酒店抢来的情侣客人，大多是不接受速 × 情侣房型的较低价客人。

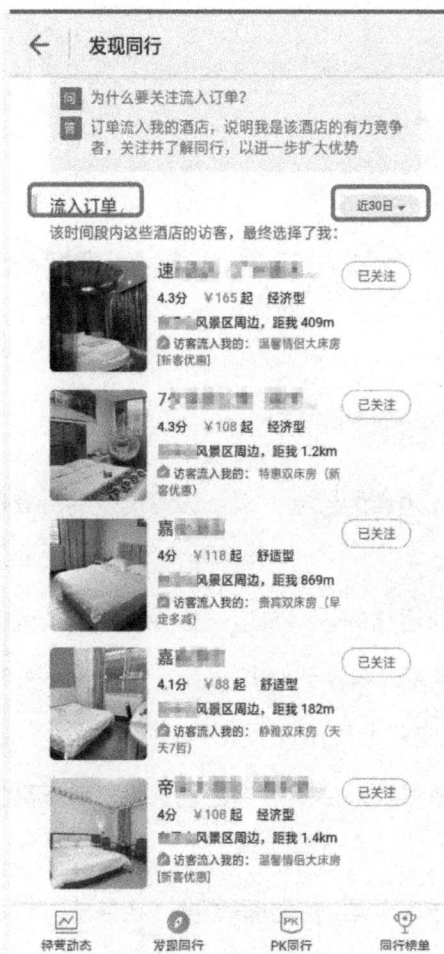

图 3-2　流入订单

（4）距离识别：酒店流入订单的吸引能力最远距离为 1.4 千米。

3. 案例解析

（1）宇儿酒店的流入订单，大多来自低价竞争对手。

（2）相较于高价竞争对手，本酒店只有情侣大床房有一定的竞争能力。

（3）因为设施设备老化等原因，本酒店的产品在价格上没有明显的竞争力。

（4）必须提高房型的附加值服务，否则酒店将长期陷于低价竞争的境况，平均房价很难提高。

3.3　监控竞争对手的5类关键指标应用方法

3.3.1　价格排查与分析方法

（1）流失去向酒店的价格：确认该酒店是高价竞争对手还是低价竞争对手。

（2）流失去向酒店的价格热度：检查流失去向酒店的引流价格，因为流向本酒店的客人是在看到对方的引流价格后流失的，说明客人对这样的引流价格有一定的接受度。

（3）流入订单来源酒店的价格：确认该酒店是高价竞争对手还是低价竞争对手。

（4）流入订单来源酒店的价格热度：检查流入订单来源酒店的引流价格，统计流入订单来源酒店的最低价与最高价，两者构成的这个价格区间，就是流入客源的价格承受力区间。

3.3.2　酒店类型排查与分析方法

（1）检查流失与流入酒店的类型：比如公寓、经济型、舒适型。酒店的类型不同，客源的偏好程度也不一样。

（2）公寓型可能抢走的客源类型：商务型、家庭型、朋友出游型客源。

（3）经济型酒店可能抢走的客源类型：商务型、周边客人客源。

（4）舒适型酒店可能抢走的客源类型：中高价客源。

3.3.3 房型排查与分析方法

（1）流失层面：检查订单流失到竞争对手的是哪些房型，并将房型以大床房和双床房进行区分。然后对对方的该房型进行研究，找到对方房型的优势之处，为本酒店打造该类房型的竞争力提供参考。

（2）流入层面：检查订单流入本酒店的是哪些房型，并将房型以大床房和双床房进行区分。对比确认本酒店吸引到的竞争对手的客源是因为价格低，还是因为产品本身优于对方。如果产品优于对方，则具备涨价条件。

3.3.4 距离排查与分析方法

结合流失与流入酒店的最远距离，分析本酒店竞争力辐射的最大范围。如果影响范围较大，覆盖到了附近商圈，则使用附近商圈的"黄金展位"投放，可有效获得新客源。如果酒店辐射距离较近，则说明酒店的排名相对靠后，如使用推广通后辐射距离依然不大，则说明附近商圈的流量很小，此时如果关闭引流房，使用推广通的效果不会太好，因为这个时期竞争对手都有大量的低价房型在供应。我们要做的是依靠引流价去抢成交次数，抢占排名推荐。

3.3.5　流失率排查与分析方法

（1）流失率排查的主要方法是锁定近 30 日的流失情况，按流失率从大到小进行排序，筛选目标对手。

（2）锁定竞争对手后，检查流失去向最多的房型，然后去对手酒店的美团页面观察该房型的图片质量、图片所展示的房间的优势是否有优于本酒店的地方。

（3）检查上述房型的价格政策。

如果竞争对手是本酒店的高价对手，那么应考虑如下方法。

（1）检查该房型当日的价格是否低于本酒店，如果是，就说明对方在用低于我们的价格抢我们的流量。如果价格高于本酒店，则说明对方的该房型相对畅销且库存可能不多。这时，我们的价格只要不高于对方这个房型即可。

（2）检查该房型未来 1~10 天的价格。如果该房型未来 10 天的价格比今天的价格低，说明对方在使用远期低价提前抢流量，然后给当天的涨价创造机会。如果对方未来 10 天的价格和今天一样，那么我们可以给房间增加附加值，定出和对方等价或略高的价格; 如果我们不增加附加值，那么价格可以略低于竞争对手，用价格获得抢流量的优势。

如果竞争对手是我们的低价对手，则不必太关注其引流定价，否则会导致我们把价格定低，损失当前的中高价客人，同时使酒店陷入低价竞争的怪圈。

在筛选竞争对手时，不建议长期关注引流价格低于本酒店的竞争对手，而应多关注引流价格与本酒店持平或者高于本酒店的竞争对手。这样可以帮助我们实现与优质竞争对手之间的客源对流、客源拉新，也可以让我们向比自己优秀的竞争对手学习，使酒店的经营情况趋向健康。

<h1 style="text-align:center">3.4　评估竞争对手效果，
7种指标优化新策略</h1>

我们检查流失与流入数据的主要目的，就是要弄清楚在当前的市场竞争中，我们的有效竞争范围有多大，我们的高价竞争对手是谁、低价竞争对手是谁，竞争对手用什么房型、什么价格抢走了我们的客人，我们用什么房型、什么价格抢走了竞争对手的客人。

通过以上维度的分析排查，我们就会找到重新确认优质竞争对手的方案，在实现评估竞争对手优化的同时，改善我们的竞争秩序，走出低价竞争的怪圈，破解平均房价不能有效提升的难题。

截至目前，宇儿小姐完成了竞争对手的重新优化，明确了自己的高价对手与低价对手，不再像以前那样只是依靠自己的引流价和主力房最低价去获取流量。那么，评估竞争对手后，如何去评估新的收益策略的执行效果呢？

新策略执行了10天后，宇儿在顾问的辅导下，设定了以下7个评估指标，来考查自己的新策略是否有效果。

3.4.1　房型畅销度

（1）已完成工作：对所有房型的图片进行了优化更新。

（2）执行效果：最畅销的依然是引流房，中高价房的自然销量有所增长，不再像以前那样主要依靠较低价格向上升级。

3.4.2 价格畅销度

（1）已完成工作：酒店始终坚持引流价格不低于 138 元。

（2）执行方法：在日常工作中，经常见到低价竞争对手在 16 点以后再次降低价格来抢流量。这时，宇儿要求酒店不要跟它们一起降价，而是盯紧中高价对手，检查这些对手最低价的库存量，如果它们的库存紧张，就说明市场对中高价的需求依然比较大，酒店就不应该降价；如果中高价竞争对手的库存比较多，则要求本酒店使用推广通，快速提升酒店在商圈的排名，尽量去抢商圈内的中高价客人。

（3）执行结果：酒店 158 元、178 元和 188 元价格的订单量有明显增长，208 元的订单略有增长。

3.4.3 高价对手客源转化效果

（1）已完成工作：日常统计 158 元及以上订单客人的信息，包括姓名、生日、联系方式、入住房型、好评及差评意见等。

（2）执行效果：在与客人的沟通中发现，158 元及以上价格的客人，只有约 1/4 是从中高价对手那儿抢来的，更多的客人是新客源。

（3）效果分析：宇儿通过稳住 138 元引流价格不降低，确保了酒店竞争秩序相对稳定。由于引流价格不降低，酒店就有较长时间与中高价竞争对手保持相对强的竞争力。在客人进入美团酒店商圈选择酒店的时候，宇儿的酒店通过与竞争对手价格接近的平台推荐规则被中高价客人发现，提高了酒店在中高价客人层面的曝光率。所以，新的中高价客源逐渐增多。

3.4.4 出租率提升幅度

目前出租率相对稳定，始终在 72%~80% 波动。也就是说，因为不再降低引流价格,酒店的出租率出现了上下波动。宇儿认为这是正常现象，不能因为出租率有所下滑就盲目降价。

3.4.5 平均房价提升幅度

酒店平均房价从前段时间的 136 元提升到目前在 152~169 元波动。

3.4.6 单房收益提升幅度

前段时间，酒店的平均房价 136 元，出租率为 90%，单房收益为 122.4 元。

目前，酒店的出租率在 71%~80% 波动；平均房价在 152~169 元波动；单房收益在 119 元左右，略有下降。

看到这样的数据，宇儿没觉得难过，反而比较欣慰。宇儿认为，这是酒店在维持单房收益不明显下降的前提下，通过提升平均房价、优化中高价客源体量的收益策略取得效果的表现。

果然，在咨询了顾问后，顾问也表示，这套新策略才执行了 10 天，有这样的市场波动是正常的，酒店经营整体在向健康的方向发展。目前还有最重要的一项评估指标——客人的评价，如果出现了较多的差评，酒店未来想执行目前的策略，难度就会加大。

3.4.7 口碑影响力正负面影响

（1）已完成的工作：酒店继续坚持原附加值政策不变，只是加强了对客人在店期间的住宿体验回访。

（2）执行效果：近 10 天共产生客人评价 119 条，其中差评有 2 条。差评的主要内容分别如下：

①房间的卫生间有异味。

②晚上 KTV 唱歌声音太吵，影响客人休息。

通过运用这 7 项指标对新收益策略进行全面评估后，宇儿认为，目前的策略是对的，应该继续执行。宇儿和顾问交流后，得到了顾问的赞许。同时，顾问提醒宇儿，在后期经营过程中，难免有以前对价格敏感的低价客人提出一些意见和投诉，这是酒店优化客源结构过程中必然会出现的问题。酒店不要对这样的客人有看法，应尊重客人的购买能力，在客人预订房间后，可适当增加房间附加值的内容以安抚客人。如果这类客人经常来，并依然采用向平台投诉的方式想要获取酒店的更低价或更多的附加值服务，那么这样的客人应列为优化的对象。也正是这类客人的意见和投诉，影响了很多酒店的动态定价：该涨价时不敢涨价，该降价时不敢降价。

宇儿完全接受了顾问的指导建议，她在给酒店员工举行经营分析会的时候明确提出一个服务宗旨：我们不能做到让每一个客人百分百满意，但我们必须让每一个入住我们酒店的客人认为用这样的价格住我们的酒店是超值的。

| 本章小结 |

◎ （1）中高价房型难以销售的原因：房型竞争力处于劣势。

◎ （2）房型竞争力处于劣势的影响因素：引流价格对中高价房的影响、客源结构对中高价房的影响、竞争对手对中高价房的影响。

◎ （3）房型竞争力打造的关注点：房间面积、窗户特点、早餐、预订政策、房型参与的营销活动、房型图片、价格、性价比。

◎ （4）中高价房型必须有能打动客人的增值服务，让客人认为价格虽然高，依然有较好的性价比优势。

◎ （5）流失数据测评的关注点：订单流失数量、流失房型、流失价格、流失距离。

◎ （6）流入数据测评的关注点：流入房型、流入价格、对手层级识别、流入距离。

◎ （7）监控竞争对手的 5 类关键指标：价格排查与分析、酒店类型排查、房型排查、距离排查、流失率排查。

◎ （8）从流失去向酒店的价格，确认该酒店是高价对手还是低价对手。

◎ （9）从流入订单来源酒店的价格，确认该酒店是高价对手还是低价对手。

◎ （10）流失去向酒店的价格热度分析方法：检查流失去向酒店的引流价格，本酒店客人是因为看到对方的引流价格流失的，说明客人对这样的引流价格有一定的接受度。

◎ （11）流入订单来源酒店的价格热度分析方法：检查流入订单来

源酒店的引流价格，统计流入订单来源酒店的最低价与最高价，两者组成的这个价格区间，就是流入客源的价格承受力区间。

◎ （12）结合流失与流入酒店的最远距离，分析本酒店竞争力辐射的最大范围。如果影响范围较大，覆盖到了附近商圈，则使用附近商圈的"黄金展位"投放，可有效获得新客源。如果酒店辐射距离较近，则说明酒店的排名相对靠后，如使用推广通后，辐射距离依然不大，则说明附近商圈的流量很小，此时如果关闭引流房，使用推广通的效果不会太好，因为这个时期竞争对手都有大量的低价房型在供应，我们要做的是依靠引流价去抢成交次数，抢占排名推荐。

◎ （13）流失率排查主要方法：锁定近 30 日的流失情况，按流失率大小进行排序，筛选目标对手。

◎ （14）在筛选竞争对手时，不建议长期关注引流价格低于本酒店的竞争对手，而应多关注引流价格与本酒店持平或者高于本酒店的竞争对手，这样可以帮助我们实现与优质竞争对手之间的客源对流、客源拉新，让酒店的经营情况趋向健康。

◎ （15）评估竞争对手效果的 7 个指标：房型畅销度、价格畅销度、高价对手客源转化效果、出租率提升幅度、平均房价提升幅度、单房收益提升幅度、口碑影响力正负面影响。

◎ （16）我们检查流失与流入数据的主要目的，就是要弄清楚在当前的市场竞争中，我们的有效竞争范围有多大，我们的高价竞争对手是谁、低价竞争对手是谁，竞争对手用什么房型、什么价格，抢走了我们的客人，我们用什么房型、什么价格抢走了竞争对手的客人。

第四章

公明收益助力酒店
收益策略的日常管控

【本章概述】

在酒店经营进入高出租率状态时期，酒店的满房天数会逐渐增多，这说明酒店的市场竞争力达到了最佳状态。但是在经营过程中，也会出现这样的问题：同样是满房，酒店收入忽高忽低，酒店进入了满房但收入无法有效增长的状态。

本章讲述宇儿借助 RMS 工具（公明收益）的同行动态 VIP 功能，根据酒店在竞争圈的实时竞争状态，完美实现了对酒店收益策略日常执行效果的管控，有效提高了收益策略执行效率，让酒店经营分析层面的工作变得更加简单轻松。

4.1 实时监测与评估竞争对手的 9 个方法

结合上一章的方法，宇儿带领团队进行了一系列策略调整工作，虽然酒店的市场渗透指数和收入指数得到了明显提升，但是，宇儿还在思考：酒店的收入能不能实现再增长？究竟怎么做，才能让酒店的收益最大化？目前，宇儿遇到的最大的问题是没有办法确保酒店每天都能满房……在公明收益的帮助下，宇儿找到了根据竞争圈竞争态势，随时把握竞争机会的方法。

为了提高店长的认知和执行效果，宇儿对店长进行了如下培训。

打开方式：美团商家后台—公明收益—同行动态 VIP。

如图 4-1 所示，现在是 21：42，选择"今日实时"数据功能，对图 4-1 中的相关数据分析如下。

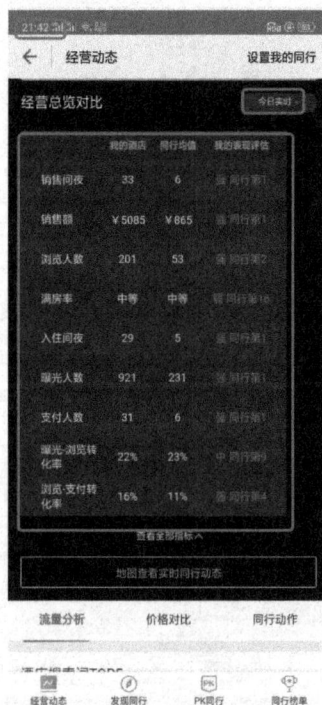

图 4-1 公明收益同行动态 VIP 之实时经营总览对比

4.1.1 销售间夜监测分析法

（1）数据展示：本酒店的销售间夜是 33 间夜，同行均值是 6 间夜，本酒店的表现评估：强，同行第1。

（2）销售间夜数据释义：今天本酒店在美团酒店平台共销售33间夜，其中有一部分客人是今天入住，也有一部分是未来几天入住。

（3）同行均值数据释义：同行销售间夜均值为6间夜，表示竞争对手今天在美团酒店平台平均销售了6间夜，本酒店的销售间夜与同行平均水平相比，明显处于优势。

（4）"我的表现评估"释义：本酒店销售了33间夜，对比同行均值6间夜，居于同行第1，本酒店的市场竞争活力处于强优势地位。基于间夜量贡献最高，本酒店在当天此时享受到平台排名靠前推荐的机会就相对较多，因而酒店的销售机会也较多，酒店当日的竞争状态进入良性优势态势。

（5）综合分析：目前本酒店的销售间夜远高于均值，名列第1，是否意味着酒店的定价偏低了？这样看是不客观的。判断酒店是否具备涨价条件，要看酒店当前的房间库存数量，如果房间库存还较多，那么，即使酒店的实时销售数据高于均值，也不一定适合涨价。如果酒店房间的实时库存已经很少，那么，即使销售数据达不到市场均值，也是可以涨价的。

宇儿酒店目前还有32间空房，库存数量较大，所以，涨价时机还没有到。从以上数据也可以看出，宇儿酒店今天在自来散客、会员、协议单位等细分市场的订量很少，今天要实现满房，必须更多依赖美团酒店平台，所以，暂时不适合涨价，需要再销售一部分房间后，根据预订热度情况再考虑是否提价。只有这样，才能有效实现当日满房的目的。

4.1.2　销售额监测分析法

（1）数据展示：本酒店的销售额是 5 085 元，同行均值为 865 元，本酒店的表现评估：强，同行第 1。

（2）销售额数据释义：今天本酒店在美团酒店平台共销售 33 间夜，销售收入为 5 085 元，其中一部分是当天入住订单的收入，也有一部分是未来日期入住订单的收入。

（3）同行均值数据释义：同行销售额均值为 865 元，表示竞争对手今天在美团酒店平台销售房间的平均收入为 865 元，本酒店的销售收入明显处于优势。这一现象可能说明两个问题：一是竞争对手今天在美团酒店平台的竞争力较弱，排名权重相对靠后；二是竞争对手今天的低价房型供应数量较少，因而投价较高，也就是说，竞争对手今天对房间的定价偏高，以致销量较少。

（4）"我的表现评估"释义：本酒店的销售额居于同行第 1，即酒店的收入指数排第 1，处于强优势地位。由此可以对酒店当前的价格策略做一个基本评估：当前酒店的价格策略不仅让酒店实现了销售间夜量第 1，也让酒店的销售收入实现了第 1，说明酒店当前的价格策略是正确的。

（5）销售收入与销售间夜的关系：销售间夜中，有部分间夜会在未来日期入住，即有一部分产生销售收入的订单是在未来某天入住的。

（6）销售数据的隐性趋势：销售收入 / 销售间夜 =5 085/33=154.09 元。这个数据说明今天客人的价格承受力均值是 154.09 元，同时说明，154 元及以下价格的房型相对更受客人欢迎，154 元以上的房型客人选择的可能性会降低，而且价格越高，客人购买的可能性越小。这样一来，酒店当天的最佳竞争力价格线就找到了。

（7）综合判断：酒店目前还剩下32间空房，如果要加快预订进度，就要保证154元及以下价格的房型有足够的库存供应，以刺激客人下订单的愿望，加快本酒店的预订进度。

4.1.3　浏览人数监测分析法

（1）数据展示：本酒店的浏览人数是201人次，同行均值为53人次，本酒店的表现评估：强，同行第2。

（2）浏览人数数据释义：指浏览本酒店页面的人数共有201人次。

（3）同行均值数据释义：指竞争对手当前浏览人数的均值是53人次。

（4）"我的表现评估"释义：本酒店处于强优势地位，排名第2。

（5）综合分析：本酒店的浏览人数排名第2，说明有一个竞争对手比本酒店的浏览人数高。但是本酒店的销售间夜最多，说明这个浏览人数比本酒店多的酒店，可能价格比本酒店高，也可能产品竞争力不如本酒店，还有可能是该竞争对手同类房型之间的价差太大，造成部分客源流失到了本酒店。

4.1.4　满房率监测分析法

（1）数据展示：本酒店的满房率中等，同行均值中等，本酒店的表现评估：弱，同行第16。

（2）满房率释义：可理解为库存满房率，满房率越高，说明酒店空房库存越少；反之，则说明空房库存量越大；也可理解为竞争对手有部分房型已经关房。如果竞争对手的满房率均值较大，说明其可售房型数量较少，于本酒店而言，流量增量以及涨价机会要来了。如果竞争对手满房率均值较低，说明竞争对手目前有较多的房间空置，本酒店此时不宜涨价，否则可能造成较长时间没有订单产生，会浪费酒店的销售时间。

（3）同行均值释义：同行均值满房率中等，说明同行对手也有较多的空房库存。对手的空房库存越多，本酒店涨价机会就越小。

（4）"我的表现评估"释义：本酒店的满房率排名 16，处于相对较弱的地位，说明当前本酒店的空房库存量较大，这也预警本酒店当前不适合涨价。

（5）综合分析：从满房率数据可以看出，本酒店的满房率排名16，说明有 15 个竞争对手不同程度地关闭了部分房型。而本酒店目前空房库存数量相对比较多，在这种状态下，不适合涨价。同时，如果本酒店此时给平台增加预留房的数量，平台在排名推荐的时候也会优先推荐本酒店，增加本酒店排名靠前的机会。

4.1.5　入住间夜监测分析法

（1）数据展示：本酒店入住间夜为 29 间夜，同行均值为 5 间夜，本酒店的表现评估：强，同行第 1。

（2）入住间夜释义：图 4-1 中的入住间夜数据是实时数据，它代表今天及之前销售的间夜数量中，有多少个间夜会在今天入住。本酒店目前销售了 33 间夜，有 29 间夜会今天入住，那就说明，还有 4 间夜将于明天之后的日期入住。

（3）同行均值释义：同行今天销售间夜均值是 6 间夜，而今天入住的间夜均值是 5 间夜。这个数据说明竞争对手今天销售的订单中，大多是当天入住的，竞争对手对远期预订的获取能力比较弱，可能是因为竞争对手今天排名低或远期的投价偏高，这个数据给本酒店提供了市场机会，只要本酒店继续坚持目前的远期投价，适当增加远期中低价房型的预留房数量，远期订单销售数量可能还会增长。

（4）"我的表现评估"释义：本酒店今天入住间夜有 29 间夜，处于同行第 1 的强优势地位。今天入住间夜的数据是酒店当天库存管控的重要参考，如果当天入住间夜数量多，则空置房数量变少，酒店的涨价时机就到了。以当前的入住数据看，虽然入住间夜已经达到了 29 间夜，处于同行第 1，但是酒店目前的空置房数量还比较多，所以当前不适合涨价，应继续保持目前的价格策略优势，坚持跑量，为下一步涨价创造机会。

（5）综合分析：今天竞争对手销售间夜与入住间夜均值较小，和竞争对手关闭部分房型有直接关系，本酒店目前入住间夜虽然较多，但是还没有到涨价的时机，应继续观察，继续用当前的价格策略跑量。

4.1.6　曝光人数监测分析法

（1）数据展示：本酒店的曝光人数为 921 人，同行均值为 231 人，本酒店的表现评估：强，同行第 1。

（2）曝光人数释义：本酒店参加营销、推广活动，以及被平台按照规则推送而获得的曝光人次。

（3）同行均值释义：同行酒店参加营销、推广活动，以及被平台按照规则推送而获得曝光的人次。

（4）"我的表现评估"释义：因为本酒店空房库存多，加之参与了营销活动、推广活动，在平台获得的曝光人数远远多于竞争对手，说明本酒店获取曝光的途径多于竞争对手。

（5）综合分析：基于很高的曝光量，所以才有较好的浏览量。目前本酒店的空房库存大、营销推广活动多产生了较好的曝光效果，应继续坚持当前参与的营销推广活动，继续保持获取流量的相对优势。

4.1.7　支付人数监测分析法

（1）数据展示：本酒店的支付人数为 31 人次，同行均值为 6 人次，本酒店的表现评估：强，同行第 1。

（2）支付人数释义：支付人数指今天在美团酒店平台预订的人次。这些支付人数中，有一部分人在今天入住，也有一部分人在未来日期入住。

（3）同行均值：竞争对手今天的支付人数为 6，其中有个别订单将在未来日期入住。

（4）"我的表现评估"释义：本酒店的支付人数为 31 人次，竞争对手均值为 6 人次，本酒店处于同行第 1 的强优势地位。这一组数据说明，本酒店的市场占有人次是竞争对手均值的 5 倍，这再次验证了本酒店当前的价格策略是具备优势竞争力的，应继续保持这个策略，为酒店满房做充分准备。

（5）综合分析：支付人数是酒店客源有效拓展的人数，支付人数越多，说明酒店竞争力覆盖的人数越大。只要酒店做好店内接待与服务，提高客人消费体验，酒店的客源储备量会逐渐增大。

4.1.8　曝光－浏览转化率监测分析法

（1）数据展示：本酒店的曝光－浏览转化率为 22%，同行的曝光－浏览转化率均值为 23%，本酒店的表现评估：中，同行第 9。

（2）曝光－浏览转化率释义：指从曝光到客人进入酒店页面的转化率。转化率越高越好。

（3）同行均值：同行的曝光－浏览转化率均值为 23%，比本酒店的曝光－浏览转化率高 1%。这一数据说明本酒店虽然比竞争对手多曝光并获得了更多机会，但是本酒店的浏览人数低于同行均值。这样的数据表现，说明本酒店目前的引流房型的图片 / 酒店首图相比竞争对手没有较强的优势，要注意对引流房型的图片及酒店首图进行调整。

（4）"我的表现评估"释义：本酒店的曝光－浏览转化率是 22%，处于同行第 9 的水平，说明有 8 个竞争对手的曝光－浏览转化率比本酒店高，也就是说，有 8 个竞争对手的首图的吸引力可能比本酒店的强，本酒店要参考这 8 个竞争对手的首图，调整本酒店的营销照片。

（5）综合分析：要客观地分析这项数据，就必须结合浏览与曝光的总人数来综合对比，本酒店的曝光人数为 921 人次，支付人数为 31 人次，而同行曝光均值只有 231 人次，同行支付均值只有 6 人次。据此可知，如果同行的曝光均值太低，有利于本酒店浏览转化率的提高。同时，有 8 个竞争对手的浏览转化率比本酒店高，但是其曝光和浏览量都没有本酒店高，说明这 8 个竞争对手的产品吸引力很强，客人流失的可能性很小。

宇儿看到这里，再次提醒自己，引流房目前不能涨价，因为还有 8 个有强吸引力的竞争对手在精准地抢夺当前客源。

4.1.9 浏览－支付转化率监测分析法

（1）数据展示：本酒店的浏览－支付转化率为 16%，同行的浏览－支付转化率均值为 11%，本酒店的表现评估：强，同行第 4。

（2）浏览－支付转化率释义：这是根据浏览了本酒店房型列表的酒店详情页面的人数与最终预订人数计算的。通常该数字越大，说明酒店的支付转化率越高，即房型与价格竞争力越强。

（3）同行均值释义：同行均值支付转化率为 11%，低于本酒店的转化率均值，结合曝光－浏览转化率均值（23%）来看，可知有部分竞争对手的房型竞争力不强。

（4）"我的表现评估"释义：本酒店的支付转化率为 16%，高于同行均值的 11%，在同行排名第 4，处于强优势地位。还有 3 个竞争对手的浏览－支付转化率比本酒店高，说明这 3 个竞争对手的流量流失较少。

（5）综合分析：宇儿将以上敏感信息整理如下：

①满房率本酒店排名第 16，有 15 个竞争对手关闭了部分房型。

②本酒店的浏览人数排名第 2，有 1 个竞争对手的浏览量比本酒店高。

③本酒店的曝光－浏览转化率居于第 9，有 8 个竞争对手的首图吸引力比本酒店强。

④本酒店的浏览－支付转化率排名第 4，有 3 个竞争对手的房型竞争力比本酒店强。

⑤本酒店虽然目前空房库存压力比较大，但是在浏览量获取方面有相对优势，现在是晚上 10 点，本酒店在凌晨 0~2 点还有约 10 间房的销售可能。所以，虽然目前引流价格不能涨价，但是可以对引流房进行限量，

以避免低价房型订房太多，拉低本酒店的平均房价。

　　宇儿了解了以上数据的分析方法后，采用了应对策略并观察了几天，效果比较明显。但是，宇儿总觉得方法还是没有融会贯通，实行的时候更多是靠感觉而不是逻辑推理。

　　宇儿认为这里肯定有实操的技巧或规则，拜访顾问后，学习到了实时掌控竞争对手的 4 个组合技法。

4.2　实时掌控竞争对手的 4 个组合技法

4.2.1　从销售数据解析价格竞争力

　　举例：某酒店当前的销售收入为 3 128 元，销售间夜为 17 间夜，求销售的平均房价。

　　解答：销售收入 / 销售间夜 =3 128/17=184 元。

　　求出这个 184 元后，能为我们的分析提供哪些帮助呢？

　　首先，我们要清楚一个问题，这里的平均房价 184 元，并不是说酒店目前销售的 17 间房都是以 184 元成交的，其中肯定有比 184 元低的，也有比 184 元高的，只是 184 元上下价格成交的订单数比较多而已。这样对比以后，我们就会发现一个有趣的规律：实际成交的房型，基本围绕着这个价格。

　　这个数据对于我们当天的价格策略运用能起到有效的参考作用。

　　我们再次强调一下，酒店目前销售较多的房型，价格基本在 184 元上下。

然后，我们开始分析如何运用这个价格杠杆去获取更多的流量。我们需要延伸一下这个案例：假设酒店距离最后一个流量高峰期还有 4 个小时的销售时间，目前的空房库存还有 30 间，按照一个小时出 8 间的速度，基本不可能实现，也就是说，酒店很难实现今天满房的目标。

现在，我们的首要任务是尽快提升销售速度，尽快把空置的库存销售出去。那么，用什么样的价格销售会最快、最好呢？你的第一反应肯定是引流房，因为它的价格最低，满房的可能性最大。

这里我们要注意一个问题：引流房价格虽然低，但引来的都是低价客人，即使按照引流价把房间卖完，收入可能也不会增长，而且，酒店新增了更多低价的客人。更尴尬的是，使用这个方法后，卖出去的房间可能更多的是最低价的引流房，其他的价格基本难以成交。

这是什么原因呢？

因为你没有找到最佳的销售价格线。而这个最佳销售价格线，就是前面算出的 184 元。

所以，你要考虑如何调整和投放价格。

这时，你要尽快去检查房型定价，看看哪几个房型的价格低于 184 元，如果有已经关闭的房型，就尽快打开。如果房型销售完了，没有可以升级替代的房型，那就把原来的中高价房型价格降下来，调在 184 元以下。这样一来，你的新价格就投放到了最佳竞争力价格范围内了。

可能你会问：不是说最佳销售价格线的参考价是 184 元吗？那替代房型的价格调为 184 元及以上不行吗？

当然可以。因为 184 元代表的是市场购买力的平均水平，高一点投价也是可以的，不要太高就行。

如果你把更多价格投放在 184 元及以上价格区间，你会发现预订进度还是很慢。这是什么原因呢？因为竞争对手还有比较多的 184 元以下的房型供客人选择。客人选择你的机会就降低了。

所以，综合以上分析，当我们算出平均销售价格是 184 元的时候，如果想要尽快多一些预订，就在 184 元以下多投放几个房型，投放的房型的价差控制在 10~20 元即可。如果空房不多，可以在 184 元这个价格附近投放。

投价举例：当我们要在 184 元以下多投放几个价格时，可以参考 184 元以下投价：169 元—159 元—149 元。

为什么要设置 149 元与 159 元的价格呢？因为美团规则 2019 年 8 月有调整，新规则为：美团酒店的价格区间分别为：0~150 元；150~300 元；300~450 元；450~600 元；600 元 ~1000 元；1000 元以上。（美团酒店平台在部分城市的价格搜索区间会与前述有些差异，具体以所在城市的具体查询为准。查询方式：在手机上打开美团 App，点击进入酒店住宿板块，在弹出的首页有"设置我喜欢的星级 / 价格"。）

所以，最佳销售价格参考线是 184 元，说明产品价格竞争力在 150~300 元这个价格区间，如果想要获取更多被客人找到的机会，那就需要在 150 元以下放一个房型。这就是一定要设置 149 元房型的原因。

4.2.2 从入住数据看排名权益影响力

我们这里强调的入住数据，包括入住间夜量、入住房费收入、入住平均房价这 3 个显性数据。

平台在计算一家酒店排名推送权重时，会对这个酒店的各类数据进行统计计算，这个计算是计算机的算法，会把各种考评因素的数据都统计进去。酒店在一段时间内的入住间夜量、入住房费收入、入住平均房价就是考评的主要组成因素。现在，我们对这3个因素做简要的权重分析。

1. 入住间夜量

入住间夜量代表了酒店在美团平台提供的有效产品的数量，这个数量会影响到以下评估：

（1）你的产品是否受客人欢迎？如果受客人欢迎，则平台给你的推荐频率会提高，尤其在预订高峰期，你的排名会被推送靠前。这时候，酒店人可能想到了这样一种现象，就是在某个时间段，你的订单来得特别快。

（2）你给平台提供的库存是否足够多？如果你的入住间量比较多，说明你给美团平台提供的有效库存量足够大。那么，你享受到美团酒店平台给你的排名推荐频率更高，推荐时长就更长。

2. 入住房费收入

入住房费收入指的是入住间夜量产生的收入，代表你的酒店在美团平台的价值产出能力，这个数据会影响到以下评估：

（1）如果你的入住房费收入比较高，说明你的产品在平台比较受欢迎。这个收入可能是因为低价高间夜量产生的，也可能是高价低间夜量产出的。不管是低价还是高价，能有较高的产出，就一定有客人喜欢的原因。

（2）如果你的入住房费收入不高，存在的问题可能就比较多。有可能是库存给得少、价格定得高，也有可能你的产品质量差。不管是哪种原因，收入低都说明产品不受客人欢迎。平台在按照客人的需求推荐酒店时，会把收入产出价值高的酒店视为受客人欢迎的酒店而予以优先推荐，酒店排名会被推送靠前。

之前你可能会疑惑：你的酒店和附近的酒店明明档次差不多，可是用新手机账号每次在商圈搜索的时候，总会发现对方的酒店排名比较靠前，或者对方的房间卖得就是比你快。原因或许正在于此。

3. 入住平均房价

入住平均房价指的是入住间夜量的平均价格。这个逻辑比较简单，大致如下：

（1）如果入住平均房价比较高，平台会把酒店推送给价格承受力比较高的客人。这也就是为什么不同的人在美团酒店平台搜索酒店时，看到酒店的排名顺序不一样。

（2）如果酒店入住平均房价比较低，平台会把酒店推送给价格承受力相对低的客人。

必须强调一下，这种平台推送的逻辑是计算机算法，并不是人为操作。你可能会想：那我把价格涨起来，提高入住平均房价，平台以后就会把我的酒店推送给高价的客人了。

这么理解是对的，但是不全面，因为还有入住间夜量、入住房费收入、预留房消费间夜占比等影响因素。要想获取更多的高价客人，让酒店的排名更靠前，就必须增加高价房间被客人预订的次数及成交间夜量。

这也是很多在美团价格卖得高、排名也很靠前的酒店常用的方法，它们一般会给中高价房型增加更多的附加值，比如免费停车、延迟退房、赠送礼品等，而且这些附加值基本都会体现在房间名称上。

4.2.3　从转化率看综合竞争力

前面我们谈了入住数据对酒店排名权益的影响，但这些还不是影响酒店排名的全部因素，还有一个重要因素——转化率。

如果按照入住间夜量的逻辑来计算排名权益，那么，酒店房型数量越少就越吃亏。因为拥有 100 多间房的酒店，在美团很容易就能售出 30~50 间夜，而有的小酒店只有 30 间房，就算在美团全部卖完，也没有大酒店的优势。

美团平台为了在排名权益计算上做得更公平，还把历史曝光量、历史浏览量、历史转化率作为计算排名权重的主要因素。

也就是说，就算酒店房间数量少，如果曝光量、浏览量、转化率指标都比较高，依然可以获得较好的排名推荐。对这几个因素我们简单分析如下。

1. 曝光量

历史曝光量大多以一个月为统计期限。曝光量关系到酒店在哪些流量端口有被客人看到的可能。很多酒店不愿意参加平台的促销活动，比如"砍价返现"，认为参加这类活动不划算。其实这类活动在美团酒店平台的首页有独立的流量端口，很多客人就是从这里流入并选择酒店的。酒店曝光量低，说明酒店对美团平台不够重视，能获取的排名推荐机会也就较少。

2. 浏览量

历史浏览量也是以一个月为统计期限。浏览量代表客人是否浏览过你的酒店页面。浏览量越高，说明酒店被客人关注的可能性越大。影响浏览量的主要因素有酒店首图、引流价、评分、戴冠的级别、最新一次预订等。

客人浏览次数多，说明酒店在这几个环节有客人喜欢的因素。平台会根据客人对引流价、戴冠级别、首图、评分等不同偏好程度，向客人优先推荐你的酒店。比如，有些客人对 4.5 分以下的酒店压根不会浏览；有些客人选择酒店时首先看酒店的首图，如果酒店首图能吸引到自己，才会进入酒店详情页面。

3. 转化率

这里指的是浏览－支付转化率。历史浏览－支付转化率也是以一个月为统计期限。转化率与曝光量、浏览量相比，它的排名权重更大一些。转化率是一个相对值，影响它的因素有很多，主要是浏览量原因。

（1）有的酒店曝光量和浏览量都很高，可是，经常在美团酒店平台关房，或者长期关闭低价房型，这都会影响到其历史转化率。

（2）有的酒店浏览量并不高，但是价格和房间比较有吸引力，导致转化率比较高。比如：某酒店浏览量为 100，支付人数为 25，其转化率为 25%，但是，另外一个酒店浏览人数是 1 000，支付人数也是 25，那它的转化率仅 2.5%。虽然同样成交了 25 人次，但转化率完全不同。所以，转化率指标也是考量排名权重的主要原因之一，且不是绝对的。

那么，为什么一定要有历史曝光量、浏览量、转化率这样的计算呢？这也是平台为了公平竞争而设计的规则。常见的案例有：部分景区类酒店到了旅游旺季，就会关闭 OTA 上的房型，想在线下卖更高的价格。当然，也有继续在 OTA 渠道坚持销售房间的酒店，它们在旺季提供给平台更多的库存供应量。旺季过去后，那些关闭房型的酒店在 OTA 上会打开房型继续销售，同时，他们为了获取较高的曝光量和浏览量，通过高价使用推广工具及付费广告展位，依然可以获取流量。但是，这是它们支付了更多推广费用得来的。如果不使用这些付费推广工具，旺季在平台关房的酒店在历史曝光量、浏览量、转化率方面就会低于不关房的酒店，排名权重会比较低。这对旺季不关房的酒店来说，就是相对公平的。

4.2.4 从曝光量看推广费用价值

这个评估方法比较简单，以月为单位，用自己的推广费用对比房费收入，评估推广费用的价值产出即可。计算方法：推广产生的费用支出 / 房费总收入。

4.3 评估日常收益策略管控效果的 7 个组合技法

4.3.1 转化率对比评估法

这里的转化率，指的是浏览 - 支付转化率。

评估方法如下：如上所述，转化率直接代表了酒店价格与房型的综合竞争力，在日常竞争中，更多体现在与对手的价格竞争力上。实时对比竞争对手的转化率，可以看出自己的价格策略是否需要尽快调整。

（1）假设本酒店的转化率是 17%，而竞争对手的转化率均值是 23%，且本酒店的排名居于第 16 位，说明本酒店目前的转化率指标低于竞争对手均值，排名在第 16 位，非常靠后。

这时，我们应如何考虑价格策略的调整呢？

①用同行销售收入均值除以同行销售间夜均值，计算同行销售的平均房价。

②以同行销售的平均房价为参考，检查本酒店在这个价格及以下是否有房型在正常销售，是否有限制库存。

（2）假设本酒店的转化率为17%，竞争对手的转化率均值是15%，本酒店的排名比较靠前，则说明本酒店处于相对优势位置。这时，应检查自己的空房库存数量，如果库存数量多，就要以自己酒店当前的销售平均房价作为参考，给这个价格以下的房型增加库存供应量；如果库存比较少，则可以考虑提价。

4.3.2　销售间夜对比评估法

销售间夜的评估法应主要结合两点，一是竞争对手的销售间夜均值，二是本酒店的排名（即本酒店的销售间夜表现评估）。如果本酒店的销售间夜少，排名靠后，那么不用犹豫，立即计算竞争对手销售的平均房价。投价方法前面已经说过，这里不再赘述。

4.3.3　销售额对比评估法

销售额对比评估法与销售间夜对比评估法不同，其主要思路如下。

（1）对比同行销售额均值，检查本酒店销售额的排名。一般情况下，销售间夜比较少，销售额排名就会靠后。如果销售间夜较少，但是排名比较靠前，那么，竞争对手的销售间夜均值也不会太高。这就说明整个商圈的流量不大，即使降价，流量也不会太多，很大可能是商圈的预订高峰期还没出现。

（2）调价策略：用本酒店销售额除以销售间夜，计算当前本酒店的销售平均价格。具体分析方法和应对策略可参考前述案例，这里不再赘述。

4.3.4　入住间夜对比评估法

入住间夜对比评估法应主要结合两点：一是对手的入住间夜数量均值，二是本酒店的排名（即本酒店入住间夜表现评估）。评估思路如下。

（1）入住间夜代表的是预订并在今天入住酒店的间夜数，它直接影响着酒店今天的空房库存，也会影响今天酒店降低空置率的价格策略。

（2）如果本酒店今天入住间夜数量较多，这时，应检查酒店当前的空房库存。如果库存较少，则可以考虑提价测试，提价的幅度建议不超过30元，以10~20元为宜，尽量采用"少涨多次"的方式。

（3）如果本酒店今天入住间夜数较多，且当前空房库存依然比较多，则说明涨价时机没有到，应该守住目前的价格，继续观察。

（4）如果本酒店入住间夜数较多，当前空房库存依然比较多，且距离最后一个预订高峰期时间比较近，这时酒店需要考虑把中高价房型的价格压低，而不是降低引流价格，因为如果降低引流价格，会让酒店重新陷入低价竞争的怪圈。

（5）酒店降价中高价房型价格时，参考的价格线有两个：一是本酒店的销售平均房价，把中高价房型价格分别在这个参考价格上下投放即可；二是参考竞争对手的销售平均房价，在这个价格参考线上下进行投放。

4.3.5　曝光人数对比评估法

曝光人数对比评估法应主要结合两点：一是同行曝光人数均值，二是本酒店的排名（即本酒店曝光人数的表现评估）。如果本酒店的曝光人数低于同行均值，就要考虑使用推广工具，尽快提升酒店排名，以尽快获取曝光量和浏览量。

4.3.6　支付人数对比评估法

支付人数对比评估法也是结合同行支付人数均值与本酒店的排名来评估。支付人数反映了酒店客源拓展的有效性，也是酒店客源拉新的数据体现。通常情况下，支付人数会小于销售间夜，因为有些客人有多订房或者连住的可能。

如果酒店的支付人数较少，说明酒店的客源获取能力比较弱。这对酒店的长期稳健经营影响很大，但往往被酒店人员忽视。

4.3.7　关键数据评估酒店经营优劣势分析法

在酒店日常收益策略的执行过程中，实时竞争秩序分析特别重要，其对酒店经营优劣势的分析重点如下。

（1）销售间夜：反映了酒店的价格竞争力优劣势，代表酒店当前的价格政策在今天获取客人能力方面的表现。

（2）销售额：反映了酒店价格策略的优劣势，销售额只代表酒店销售间夜的收入。酒店应根据销售额与销售间夜来计算当前销售平均房价，找到最佳竞争力价格参考线。不使用这个方法，酒店的价格竞争力就很难打造出来。

（3）浏览人数：反映了酒店营销策略优劣势，代表酒店在美团渠道吸引客人的能力。浏览人数少的影响因素主要有两个：一是酒店在商圈的排名太靠后，二是引流价格较高。其他影响因素有酒店的首图质量、评分、参与活动类型、活动折扣等。浏览人数也是酒店在 OTA 渠道营销方法和营销能力的体现。

（4）满房率：反映了酒店库存管理策略的优劣势，可以让我们对竞争对手当前的库存量有一个基本的判断，也间接影响着酒店价格策略的调整。如果本酒店实际库存较多，但是线上显示满房率中等，说明酒店的库存策略有失误的地方，应该加大线上库存供应量，且不要关房。

（5）入住间夜：反映了酒店当天库存管理的优劣势。入住间夜是酒店当天减库存策略效果的直接体现。如果入住间夜较少，且酒店实际库存较多，说明酒店的价格策略出了问题。

（6）曝光人数：反映了酒店在平台获取流量能力的优劣势。如果曝光人数少，则说明酒店参与平台的营销活动少，且没有使用推广通、广告位等流量工具。

（7）曝光－浏览转化率：反映了酒店产品对客人吸引力的优劣势。如果该转化率数据比较高，则说明酒店的首图、评分等指标有相对的优势竞争力，可以有效刺激客人浏览和预订酒店的欲望。

（8）浏览－支付转化率：反映了酒店价格策略、库存管理策略的优劣势，以及酒店各房型竞争力的优劣势。这个环节的主要影响因素有引流价使用、房型图片及房型亮点展示、房间附加值体现、同房型价差大小设置等。如果支付转化率比较低，则说明酒店在如上环节存在明显的问题，如果这些问题能得到解决，支付转化率就会有较好的提升。

| 本章小结 |

◎　（1）实时监测与评估竞争对手的9个方法：销售间夜监测分析法、销售额监测分析法、浏览人数监测分析法、满房率监测分析法、入住间夜监测分析法、曝光人数监测分析法、支付人数监测分析法、曝光-浏览转化率监测分析法、浏览-支付转化率监测分析法。

◎　（2）实时掌控竞争对手的4个组合技法：从销售数据解析价格竞争力、从入住数据看排名权益影响力、从转化率看综合竞争力、从曝光量看推广费用价值。

◎　（3）入住间夜量代表了酒店在美团平台提供的有效产品的数量。

◎　（4）入住收入指的是入住间夜量产生的收入。入住收入代表酒店在美团平台的价值产出能力。

◎　（5）如果酒店的入住收入不高，存在的问题可能就比较多，有可能库存给得少、价格定得高，也有可能酒店的产品质量差。不管是哪种原因，入住收入低，说明酒店的产品不受客人欢迎。

◎　（6）入住平均房价指的是入住间夜的平均价格。

◎　（7）如果酒店的入住平均房价比较高，平台会将其推送给价格承受力比较高的客人。这也就是为什么不同的人在美团酒店平台搜索酒店时，看到酒店的排名顺序不一样。

◎　（8）曝光量关系到酒店在哪些流量端口有被客人看到的可能。很多酒店不愿意参加平台的促销活动，比如"砍价返现"，认为参加这类活动不划算。其实这类活动在美团酒店平台的首页有独立的流量端口，很多客人就是从这里流入并选择酒店的。酒店曝光量低，说明酒店对美团平台不够重视，能获取的排名推荐机会也就较少。

◎ （9）浏览量代表客人是否浏览过你的酒店页面。浏览量越高，说明酒店被客人关注的可能性越大。影响浏览量的主要因素有酒店首图、引流价、评分、戴冠的级别、最新一次预订等。

◎ （10）评估日常收益策略管控效果的7个组合技法：转化率对比评估法、销售间夜对比评估法、销售额对比评估法、入住间夜对比评估法、曝光人数对比评估法、支付人数对比评估法、关键数据评估酒店经营优劣势分析法。

◎ （11）转化率代表了酒店价格与房型的综合竞争力。在日常竞争中，更多体现在与对手的价格竞争力上。

◎ （12）销售间夜评估法应主要结合两点：一是竞争对手的销售间夜均值，二是本酒店的排名（即本酒店的销售间夜表现评估）。

◎ （13）入住间夜对比评估法应主要结合两点：一是对手的入住间夜数量均值，二是本酒店的排名（即本酒店的入住间夜表现评估）

◎ （14）销售额对比评估法应主要结合两点：一是对比同行销售额均值，检查本酒店销售额的排名，二是用本酒店销售额除以销售间夜，计算当前本酒店的销售平均价格。

◎ （15）曝光人数对比评估法应主要结合两点：一是同行曝光人数均值，二是本酒店的排名，即本酒店曝光人数的表现评估。如果酒店曝光人数低于同行均值，就要考虑使用推广工具，尽快提升酒店排名，以尽快获取曝光量和浏览量。

◎ （16）支付人数对比评估法也应结合同行支付人数均值与本酒店

的排名评估。支付人数反映了酒店客源体量培育的数量，也是酒店客源拉新的数据体现。通常情况下，支付人数小于销售间夜，因为有些客人有多订房或者连住的可能。

◎ （17）如果酒店的支付人数较少，说明酒店的客源获取能力比较弱。这对酒店的长期稳健经营影响很大，但往往被酒店人员忽视。

◎ （18）关键数据评估酒店经营优劣势分析法：销售间夜反映了酒店的价格竞争力优劣势；销售额反映了酒店价格策略的优劣势；浏览人数反映了酒店营销策略优劣势；满房率反映了酒店库存管理策略的优劣势；入住间夜反映了酒店库存管理的优劣势；曝光人数反映了酒店在平台获取流量能力的优劣势；曝光－浏览转化率反映了酒店产品对客人吸引力的优劣势；浏览－支付转化率反映了酒店价格策略、库存管理策略的优劣势。

◎ （19）销售额只代表酒店销售间夜的收入。酒店应根据销售额与销售间夜来计算当前销售平均房价，找到最佳竞争力价格参考线。

◎ （20）浏览人数少的影响因素主要有两个：一是酒店在商圈的排名太靠后，二是引流价格较高。其他影响因素有酒店的首图质量、评分、参与活动类型、活动折扣等。

第五章

如何有效管控酒店的预订进度

【本章概述】

　　酒店通过分析公明收益（RMS）同行动态 VIP 版的实时竞争态势，可以为酒店当天在 OTA 渠道调整收益策略提供有效参考，便于酒店快速在 OTA 渠道提高间夜量产出。但是，这仅限于酒店在 OTA 渠道提高市场占有率。酒店还有另一部分客源来自线下，想要全面做好线上、线下的收益管理工作，有效完成每天的收入目标，就必须结合酒店管理系统（PMS）中的数据，灵活调整酒店的收益管理策略。

　　本章讲解在公明收益的帮助下，酒店的月度平均出租率快速提升到了 95% 以上，但是，依然没有实现天天满房的目标。宇儿在浏览酒店 PMS 系统报表时，惊喜地发现了收入报表中关于如何管控预订进度的提示，并很快完成了针对每日预订进度的管控策略，确保在同等满房的情况下，酒店平均房价相对稳定，能如期达到预算收入，成功规避了部分时间想要满房只能压低平均房价的尴尬。

5.1　预订进度管控不科学的 6 类现象（损失）

对于宇儿来说，如何快速提高酒店的出租率，增强酒店的市场竞争力，已经不是什么难题。她的集团公司的很多家酒店的平均出租率已经达到了 91%，其中部分门店的出租率长期稳定在 95% 以上。这个成绩得到了公司全体股东的认可。

但是，宇儿并没有松懈。

她现在遇到了两个难题，需要尽快破解。

一个难题是酒店出租率处于很高水平，想再拔高，特别困难。比如，她想把酒店的出租率做到 110% 以上，这是她今年给自己定下的出租率奋斗目标。

另一个难题是她想把集团层面的平均房价在今年整体提升 15%。这个目标在部分门店已经实现了，可是还有个别门店的平均房价很难提高，价格一旦提上来，出租率就会迅速降低。

宇儿的目标特别简单，既想把出租率提上去，也想把平均房价提上去。究竟应该怎么做，才能快速实现这个目标呢？

为了彻底解决这两个问题，宇儿特意邀请顾问来到云朵酒店，她把所有可能会用到的数据分析报表整整齐齐地摆放在会议室，希望能够在顾问的帮助下，解决这两个问题。

顾问认真听完宇儿的诉求后，哈哈大笑道："明明是很简单的事情，为什么要想得这么复杂呢？"

听顾问这么说，宇儿一下子精神振奋起来，请顾问指导。

顾问说，想再次拔高酒店的出租率和平均房价，其实就是想整体提升酒店的经营能力。在实现这个目标之前，酒店要做好几项基础工作。

第一步：分析与预测。通过系统的经营分析，找到经营短板，确定经营策略调整思路。在这个环节之前，我们已经对酒店的经营状态与市场预测做了细致的分析，比如出租率、平均房价、单房收益、客源结构产出、收益策略、市场机会与风险预测等。

第二步：提高市场占有率。也就是找到精准的最佳竞争价格，实现价格的准确投放，提高酒店的出租率。在这个环节，我们通过对公明收益 VIP 日报的解读，在曝光量、浏览量、转化率、价格竞争力、出租率、单房收益这 6 个方面进行具体的实践操作，并整理出方法。

第三步：优化竞争秩序。通过对竞争对手的重新比对，用客观的事实根据纠正我们的主观认知，找到真正的竞争对手。在这个环节，我们通过公明收益的"发现同行"功能，重新确认高中低价竞争对手，通过检验竞争秩序优化的实际效果，整理出 7 个评估指标。

通常，酒店的经营策略调整工作进行到这一步，必然会出现客源结构变化、出租率波动等问题。目前宇儿酒店，虽然出租率出现了小幅下滑，但是平均房价提升了，不但稳住了单房收益，而且单房收益还有小幅提升。这就说明酒店客源结构的优化工作已经正式落地，并且见到了效果。

本来到了这个阶段，酒店重点要做的是市场维护和培育工作，也就是要保持价格体系相对稳定，然后通过扎实的服务，一方面做好客源拉新工作，另一方面提升客人的复购率。但是宇儿太着急了，想要每天都能把酒店收益管理操盘好，所有的重点工作都放在了对收益管理策略的日常管控上。这也是酒店经营策略调整的第四步的主要工作内容。

第四步：酒店收益策略的日常管控。在这个环节，主要借助公明收益同行动态的实时经营数据作为参考，在销售夜间、浏览人数、满房率、入住间夜、曝光人数、支付人数、转化率等 9 个指标方面梳理出了 4 个工作方法。这些工作方法听起来有些复杂，其实核心内容的逻辑很简单，就是结合库存的实时状态，灵活调整价格策略，确保酒店在当天以合适的价格把合适的房间有效销售出去。

做完以上基础工作，就到了酒店既要出租率，也要高均价的管控阶段了。而要实现这个目标，有一个关键问题必须在当前解决。

这个关键问题就是预订进度。

管控预订进度的目的：通过远期预订提前消化当天库存，给当天涨价创造机会，从而实现满房增收的目的。

下面，我们就预订进度的问题进行以下探讨。

如图 5-1 所示，在"房态"中选择"远期房态"，可在酒店 PMS 系统中查询酒店远期预订等数据。

如图 5-2 所示，在"房类预测"中，我们可以清楚地看到每一个房型在未来某天的已售、可售、可超额预订数量等相关数据，便于酒店根据库存管控的既定方案，灵活调整价格策略。

注意：本书采用的酒店管理系统截图为别样红 PMS 系统。

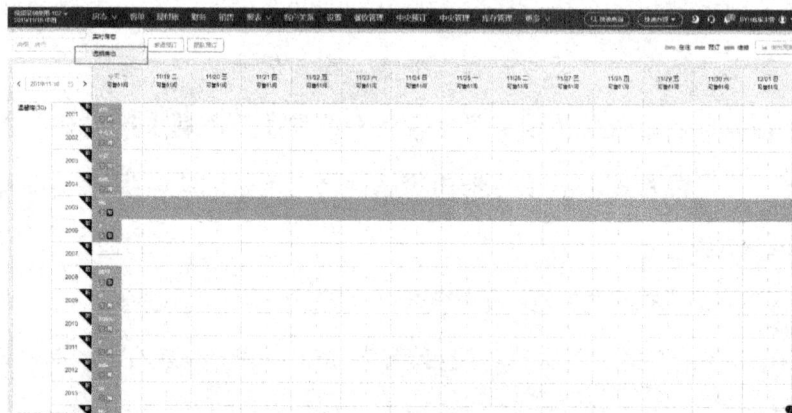

图 5-1　PMS 系统远期房态

图 5-2　PMS 系统远期预订的房类预测

　　酒店远期房态的管理，其本质是对酒店未来日期库存的管理，有效管理酒店未来日期的库存，对于有效提高酒店出租率、提升酒店平均房价、提高单房收益影响重大。为了快速熟悉远期房态系统操作流程，可扫描二维码进行学习。

　　宇儿在酒店管理系统中查询远期预订时，特别关注了房态日历和房类预测，发现自己酒店存在的明显问题就是远期没有订单，导致当天的库存太大，以致当天的销售压力很大，因此当天的涨价机会很小。

　　顾问告诉宇儿，酒店目前已经有了较好的市场竞争力，如果预订进度管控工作做得比较科学，酒店想要天天满房不是问题，而且可以实现想要酒店几点满房，酒店就能几点满房。

　　这是一个让人振奋的预言。宇儿开始在顾问的指导下，全面研究管控预订进度的操作技巧，结果发现了预订进度管控不科学的 6 类现象。

5.1.1　远期订单少

　　非会议及景区一类的酒店，或者接待旅行团队较少的酒店，远期预订都很少，除非遇上特殊节假日才会有远期预订。酒店的最长预订大多不会超过 10 天，而且远期预订的数量并不多。这是酒店行业的普遍现象，并不能说明酒店经营的好与坏。

　　但是，如果店长 / 收益经理没有做强、做长预订进度的意识，那么他制定的收益策略就有天然的缺陷——无法给当天创造满房及涨价的机会。

预订进度与酒店的经营发展规划息息相关。远期预订少，说明酒店做经营决策时，不重视、不开发未来预期的市场，对未来市场开发没有前瞻性，以致酒店将在时间维度失去更多的销售机会，只能被动等待近几天市场的自然增量，也就是只能坐等客人上门。

那么，怎么才能让酒店获取更远的预订呢？

必须要明确的是，我们不能生产市场需求，但是可以对未来的市场需求进行相关的预测，从而找到把握未来市场需求的机会。

举例：假设现在是 7 月 5 日，我们要对今年 7 月 5~15 日的市场需求进行预测，应该怎么做呢？在酒店 PMS 系统中查看分析报表，找到去年7 月 5~15 日的分析报表。方法示例如图 5-3 所示：在别样红 PMS 系统中点击"经营分析"，选择"经理综合日报表（固化）"。

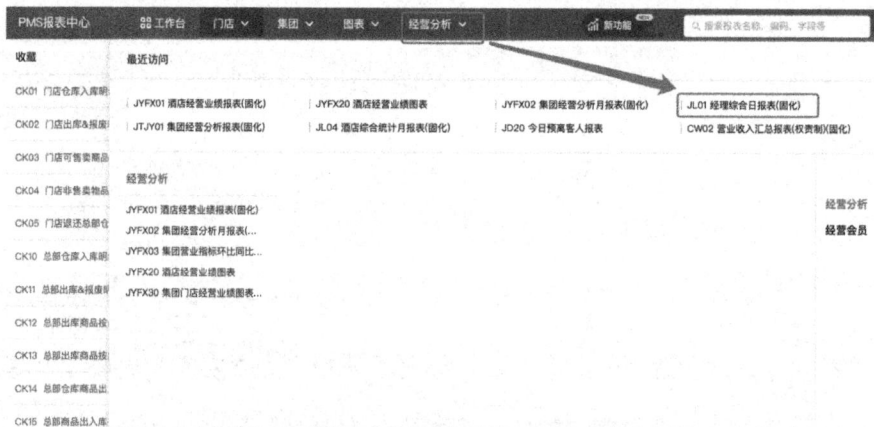

图 5-3　酒店 PMS 系统经理综合日报表

如图 5-4 所示，需重点关注和分析如下数据。

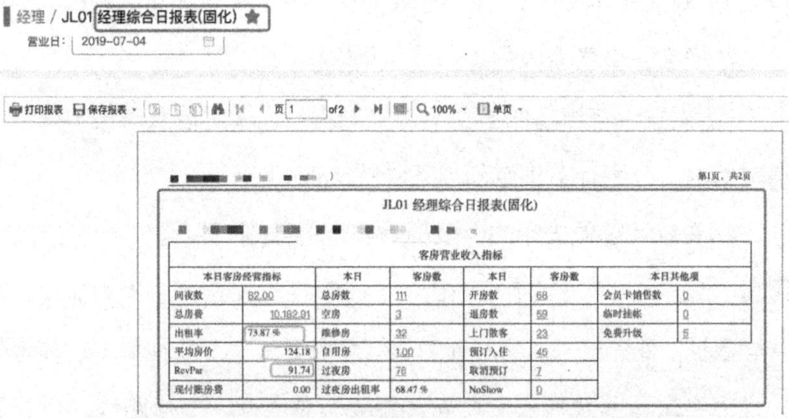

客房营业收入指标							
本日客房经营指标		本日	客房数	本日	客房数	本日其他项	
间夜数	82.00	总房数	111	开房数	68	会员卡销售数	0
总房费	10,182.91	空房	3	退房数	59	临时挂帐	0
出租率	73.87 %	维修房	32	上门散客	23	免费升级	5
平均房价	124.18	自用房	1.00	预订入住	46		
RevPar	91.74	过夜房	76	取消预订	7		
现付账房费	0.00	过夜房出租率	68.47 %	NoShow	0		

图 5-4　酒店 PMS 系统经理综合日报表数据展示

1. 需要重点关注的数据

出租率、平均房价、单房收益。

2. 数据理解方式

（1）出租率：去年 7 月 5~15 日的出租率走势，代表了去年这个时期市场需求的强弱走势。

（2）平均房价：去年 7 月 5~15 日的平均房价走势，代表了去年这个时期价格需求的高低走势。

（3）单房收益：去年 7 月 5~15 日的单房收益，代表了去年这个时期平均每间房的收入贡献的高低走势。

3. 重点数据应用解析

如果我们以传统收益管理市场需求预测的方式去做相关数据统计和计算，工作量会非常大，顾问不主张宇儿这么做。传统方法如下。

（1）统计好以上出租率、平均房价、单房收益 3 个指标后，按日期进行整理并做成表格。

（2）对应去年相关日期的星期属性，按照星期一到星期日的顺序展示这些数据在一个星期内的具体变化情况。

（3）根据今年当前的出租率、平均房价、单房收益与去年同期对比的增减情况，分别计算出增长或下降的比例。

（4）在统计好的去年的以星期为属性的数据（即第（2）步中的数据），按照第（3）步的增长或下降的比例，推算新的出租率、平均房价、单房收益等数据。统计出来的这些新数据，可视为未来市场预期中的参考值。

说明：这样的数据未必准确，还要考虑天气、交通路线、机票涨降价幅度等多种因素，推算这些因素对未来市场预期的影响，重新计算市场预测的出租率、平均房价、单房收益等数据。这是一个非常庞大、复杂的计算过程。

"经理综合日报表"的操作方法可通过扫描二维码学习。

宇儿听完也觉得这种计算方法自己都较难理解，更别说教会员工掌握了。宇儿期待顾问教她更简单有效的方法。

顾问笑着说："即使你能熟练地去计算，在你计算预测平均房价的这个时间，我都已经把每个房型的新价格全部设定出来了。"

顾问告诉宇儿，其实最简单、最直接、最有效的远期投价的参考底价，就是单房收益。因为单房收益代表了平均每间房的收入贡献，也就是说，即使我们参考单房收益去设置引流价格，只要能实现满房，收入也不会下降。所以，这是市场预期投价的底价。找到底价后，我们就要去找平均房价，这是我们投价参考的第二个价格。

这个平均房价不是指酒店去年真实的平均房价，而是酒店去年各个房型的平均房价。各房型的平均房价在这个日报表里也有体现，如图 5-5 所示。

经理 / JL01 经理综合日报表(固化) ★

营收总计	门店收入	今日发生消费	客房	118.00	今日支付门店	报销	2,2/9.00
			餐饮	20.00		支付宝	1,110.00
			小商品	10.00		总计	11,045.71
		小计		10,418.51	宾客账	宾客账	-627.20
		合计		10,418.51		总计	-627.20
		总计		10,418.51			

经营数据分类统计				
分类统计	间夜数	出租率	房费	平均房价
订单来源				
门店	82.00	73.87 %	10,182.91	124.18
小计	82.00	**73.87 %**	10,182.91	**124.18**
房型				
浪漫大	4.50	56.25 %	631.20	140.27
贵宾双	11.00	100.00 %	1,587.48	144.32
特惠双	10.00	55.56 %	1,030.33	103.03
温馨大	12.00	46.15 %	1,348.24	112.35
静雅双	6.00	50.00 %	556.50	92.75
精品大	15.50	119.23 %	2,209.34	142.54
精品双	12.00	100.00 %	1,247.02	103.92
雅致大	11.00	100.00 %	1,572.80	142.98
小计	82.00	73.87 %	10,182.91	124.18
客源				
中介	48.00	43.24 %	5,200.91	108.35
非会员	30.00	27.03 %	4,335.00	144.50

图 5-5 酒店 PMS 系统经理综合日报表各房型关键数据展示

图 5-5 所示的日报表比较全面地展示了如下数据。

（1）所有房型的间夜数、出租率、平均房价、房费（收入）。

（2）客源的间夜数、出租率、平均房价、房费（收入）。

报表解析情况如下。

（1）每一个房型实际成交的平均房价，就可以作为远期对这个房型的投价价格参考。

（2）客源的平均房价，理论上应该作为我们对不同客源平均房价的控制参考。但是，这种参考的可靠性不强。因为中介与个人会员、协议单位等线下客人，也有在OTA上比价和订房的习惯。也就是说，OTA的价格已经成为酒店公开销售渠道的"门市价"。要控制线下客人的平均房价，只是进行线下的价格调整显然不太现实。

那么，现在的答案变得非常简单：管理好线上的房型投价，酒店的基础价格体系就能确定下来。

未来时期酒店的引流房价可参考两个数字：一是单房收益91.74元（见图5-4），二是OTA去年的均价108.35元（见图5-5），那么，宇儿酒店的引流价设为99元即可，即不低于酒店的RevPAR。

其他房型的价格，按照去年该房型的平均房价进行远期投价即可，投价完成后，检查一下房型之间的价差，不要大于30元。做到这些，远期投价就完成了。

反过来说，远期订单少的酒店，主要是远期的价格投放不准造成的。

5.1.2　远期订单多但收入少

要解决这个问题特别简单。远期订单多但收入少，原因可能有两个。

（1）引流价格设置得较低，当引流价格引来预订并出现增速后，酒店并没有及时对引流价格进行提价，而是补充了引流房价的库存，导致该较低的引流价格，长时间有较多订单产生。

（2）引流价格与主力房型最低价的价差太大，比如，引流价格是99元，而大床房型的最低价是139元，两者之间的价差为40元，价差较大，导致客人更愿意接受99元的房型，对139元的房型购买欲望不强。

5.1.3　远期调价不及时，取量与取收入不当

取量指计划取得的销售间夜量；取收入指计划取得的销售收入。

正如前面所说，我们进行远期投价的目的，是为了做市场对价格敏感度的测试，如果远期投价完成后产生了预订，说明新价格有一定的市场接受度。如果远期预订开始增多，说明这个价格有效刺激了远期的市场需求，可以考虑做一次试探性的提价。提价后如果预订量减少，说明价格相对合理；如果提价后 1~2 天没有预订产生，说明提价可能有些高了，需要回落一点。

总而言之，远期的投价主要是为了刺激远期预订的产生，然后根据预订增加的速度考虑是否进行提价。这里有个操作层面的问题需要解释：假设目前远期引流价都是 99 元，今天已经接到了未来 10 天内 20 个订单，是否要对远期的引流价格提价呢？这样的想法是不对的。首先我们要检查这 20 个订单中，哪一天的订单最多，订单数量最多的这一天可以考虑提价做测试，其他的日期由于订单少，还没有出现增速，暂时不要提价。

那么，对于每天引流房价的成交数量，是不是要做限制呢？

答案是要做限制的，具体根据你酒店的总房间数量情况确定。一般情况下，30 间以下的酒店建议引流房价成交的数量，不要超过总房间数 10%（房间数量多的酒店，该比例可上调），如果占比太大，可能会拉低酒店的出租率，影响酒店的收入。

5.1.4　当天空房多，销售压力大

通常情况下，我们希望通过远期的首次投价、逐步提价，确保远期有更多的预订，来保证当天有涨价的机会。如果当天空房太多、库存压力

大，酒店就不宜涨价，甚至可能在当天下午或者晚上进行降价、低价甩房以推动销量。这种做法严重影响了酒店的经营秩序，会培养出很多只在晚上等酒店甩低价房的客人，使得酒店在当天的有效销售时间变得更短。

那么，当天的房间的远期订单占比达到多少，酒店才有涨价机会呢？

参考数据为 30%。也就是说，酒店当天的房间已经通过远期被预订 30%，当天只剩下 70% 的库存，这样当天的销售压力就比较小。当然，远期销量越多，当天的涨价机会就越多，能提价的幅度就越大。

5.1.5　当天低价房占比大，收入提升压力大

如果对低价房的库存供应数量掌握得不准，就会出现当天低价房的销量太多，即使满房酒店收入也可能下降的情况。

关于当天低价房占比多少为宜，在不同的经营时期，这个策略的使用态度也不完全一样，应结合酒店当期的实际情况来确定策略的使用方法。举例如下。

如果酒店近期接待了会议、团队，或者商圈有临时会展，酒店在平台上关过房，或者线上销售的房间数量不多，更多的房间是通过线下销售出去的。当会议、团队、展会接待过去后，酒店将面临在 OTA 平台上关于流量获取的排名计算权重的问题，那就是酒店打开 OTA 房型后的曝光量、浏览量、转化率、成交间夜量、预留房数量、预留房消费间夜占比等数据都将出现比竞争对手低。如果你只是关房了 3 天，那么意味着未来的 3 天你要用高于平时 3 倍多的曝光量、浏览量、转化率、成交间夜量、预留房数量、预留房消费间夜占比来重新获取排名权重。遗憾的是，有 99% 的酒店在会议、团队、展会接待过后都无法完美地度过这一

关，只能用更长的时间去养曝光量、浏览量等数据。所以，在这个阶段，我们不用担心低价房的销量占比过大，因为用这个方式是为了快速获得如上数据的增长，让酒店的排名计算权重重新升高，为后期的稳定满房和提高平均房价做相应的准备。

反过来说，如果酒店目前经营稳定，从渠道上能保证较好的预留间夜消费占比，酒店排名也较好(从公明收益 VIP 日报的销售环节可以看出，酒店的间夜销售量排名始终在前 3 名)，那么， 说明酒店在平台上的竞争力处于优势。这时就要关注低价房的日常销量，如果低价房销售占比过大，就预示酒店的收入可能无法增长或者会下降，要提前对低价房型进行限量，同时注意缩小高价房和低价房之间的价差，让高价房型可以原价出售，这样既可以促进高价房型的销售，又可以实现提高平均房价的目的，同时培育了高价房型的价格竞争力。

5.1.6　白天投放价格失误，晚上低价甩房

酒店相对合理的价格调整顺序为白天或者上午低价房型不要关房，通过较低的价格销售，减少当天的库存量，晚上再根据酒店实际的库存情况和有效销售时间长短，确认是否涨价、涨多少。也就是说，白天价格不走高的目的是为了给晚上涨价做准备。

而很多酒店日常价格投放的顺序基本上是"高低甩"的逻辑，即白天价格定得比较高，到了晚上发现出租率很低，空房还有很多，为了尽快卖出去就开始降价，如果降价后销售情况还不理想，就赶紧甩房。这时，酒店虽然降低了销售价格，但是错失了较好的销售时间，当天满房的压力依然很大。

5.2 有效管控预订进度的 4 个组合技法

要想对酒店预订进度进行有效管控，就必须清楚酒店在每个时段的开房量。在酒店的经营分析报表中有现成的统计数据，查询一下即可。

顾问以近期出色完成预订进度管控的 A 酒店为例，向宇儿做了如下讲解。

> 酒店在不同的经营时期，开房、退房时间的规律不完全相同。比如在旺季，酒店白天的开房数量占比会大幅增加，而在淡季，酒店下午及晚上的开房数量占比会高达 80% 及以上。所以，要对酒店开房、退房时间段进行统计分析，建议以月为统计周期，这样的数据参考性更强。如果酒店有去年的历史数据，那么今年 8 月要做开房、退房时间段统计分析时，就要查看去年 8 月的数据。如果酒店新开业，没有去年的历史数据，建议查看上个月（7 月）的开房、退房时间段数据。为了便于了解酒店管理系统的开房、退房时间段统计报表，可以通过扫描二维码进行相关操作方法的学习。

从图 5-6 可以看出，A 酒店 5 月份的日常订房量在 18 点以后开始增长，20~24 点是一天开房高峰期，0~1 点回落，1~2 点开房量很少，2~3 点是当日最后一个预订高峰期。从白天时间段看，酒店在上午 11 点之后，会

有一定的入住量，但是需求度并不高。

房型	00-01	01-02	02-03	03-04	04-05	05-06	06-07	07-08	08-09	09-10	10-11	11-12	12-13	13-14	14-15	15-16	16-17	17-18	18-19	19-20	20-21	21-22	22-23	23-24	合计
费舒双	20	13	25	14	4	2	1	0	0	2	0	1	3	7	3	3	9	3	6	12	20	24	19	32	232
温馨大	11	4	8	3	3	1	2	0	2	4	10	6	5	8	3	19	21	17	20	23	24	28	20		246
精品双	8	10	7	5	0	2	1	0	0	5	3	2	5	6	8	9	17	9	20	24	35	34	26	13	249
精品大	27	16	18	2	3	0	4	5	1	5	12	12	16	17	24	18	9	17	19	29	27	35	26		345
静雅双	3	1	0	0	2	0	0	0	1	4	1	3	5	6	13	13	11	6	9	9	5	5	5		107
雅歌大	34	32	23	2	1	2	2	2	3	6	10	7	6	5	9	17	11	12	12	21	27	39			301
特惠双	8	2	5	2	2	1	2	1	2	4	2	5	9	10	14	21	17	16	10	13	5				189
温馨大	6	17	14	7	3	1	0	1	0	0	0	1	0	1	2	4	6	4	3	5	3	11			97
合计	117	95	100	38	18	9	14	7	8	24	18	41	56	49	69	80	97	88	113	117	151	150	156	151	1 766

图5-6　开房统计时间段报表

以上是入住高峰期对比分析，我们以入住高峰期为时间节点进行倒推，就可知道应该如何把握日常每个时间段的有效销售间夜数，如图 5-7 所示。

价格梯队	收入控制点	库存管控计划									合计
133	10 507	10点前	12点前	14点前	16点前	18点前	20点前	22点前	24点前	02点前	合计
99	693	1	1	1	1	1	1	1	0	0	7
109	763	1	1	1	1	1	1	1	0	0	7
129	1677			1	2	1	2	2	3	2	13
139	2319		1	1	2	2	3	5	5	2	21
159	2862		1	1	2	2	2	4	4	2	18
179	2327		1	1	1	1	2	3	3	1	13
189	0										0
199	0										0
209	0										0
219	0										0
229	0										0
142.29	11 241	2	5	6	9	8	11	16	15	7	79

图5-7　库存与价格策略设计

如图 5-7 所示：

（1）右下角数据说明：A 酒店有 79 间可售房。

（2）左上角数据说明：A 酒店目前平均房价为 133 元，目前日营收为 10 507 元。

（3）左下角数据说明：店长期待酒店的收入能做到每天 11 000 元以上。顾问通过计算，得出在百分百满房的情况下，平均房价达到 142.29 元，酒店收入即可达到 11 241 元，便可实现店长的期待。

（4）表格功能区介绍如下。

①价格梯队设计：酒店以 99 元引流价为起点，设定了 99 元—109 元—129 元—139 元—159 元—179 元—189 元—199 元—209 元—219 元—229 元的价格梯队。这样的价格梯队设计基本保证了在 0~150 元、150~300 元这两个价格区间内都有产品和价格投放，且以 10~20 元为一个价差，这样的价差比较小，客源因价格流失的可能性就会降低。

②收入控制点：这是根据价格梯队内的价格，结合库存管控计划，即在每个时间节点分别以什么样的价格销售几个房间为参考点，推演出关于这个价格的收入额度与库存供给数量。这个方法主要用来管控不同价格的不同库存数量供应，避免以太低的价格销售的房间数量太多。

③库存管控计划：确保不同的价格在不同的时间节点最多可以销售的房间数量。

其主要控制方法解析如下。

5.2.1　进度与销量控制方法

（1）刺激预订进度的价格：99 元与 109 元。酒店的日常引流价格为 109 元，但是，为了获得更多提前预订，酒店特意设置了 99 元的引流价格。这两个价格主要通过限制供应的方式，刺激预订进度。

（2）在上午时间段，酒店就打开 99 元和 109 元的房型进行引流，但是限量各 1 间，确保这两个价格在 1 个小时内至少成交间夜量各 1 间即可。从图 5-7 可以看出，99 元的价格原计划全天供应的库存最大值为 7 间，109 元的价格库存最大供应值也是 7 间。

（3）用 99 元和 109 元这样的价格引流，目的是为了获取曝光量、浏览量、转化率，确保酒店排名不受影响。因为酒店的最低价成交间夜量和最低价销售时间都是酒店排名权重的考量因素。

（4）99 元和 109 元保持每个小时各供应 1 间库存的方式维持到晚上 22 点，因为晚上 22 点是酒店当天的入住高峰期，这时这样的低价就不适合继续供应，否则会把平均房价拉低。

（5）在 189 元及更高的价格梯队里，顾问并没有提供实际的库存。主要原因是目前这家酒店的平均房价在 130 元上下波动，以这个价格作为参考线，同房型价差如果高出 30 元，客人的购买欲望就可能降低，而且 189 元的价格，成交可能性很小。于是，顾问把投价的最高价限制在 179 元。而 189 元及以上的房型可以继续在线上销售，如果有 189 元及以上的高价产生，酒店引流房提价的可能性就会增加，也可以理解为 99 元的原计划库存供应量就会减少。

5.2.2 进度与增速控制方法

上述对进度与销量的控制方法，是按照以最低价格预期，产生预订进度的方式设计的价格、时间、库存最大供应量的控制策略。简单来说，上述控制策略是在最低价格策略执行层面设置的管控计划，即使不出现预订增速，酒店也会如期达成收入目标。

然而，令顾问更期待的是，99 元和 109 元这两个价格的房型按照计划在每个小时内都会有成交，这样一来酒店的排名始终会享受到平台"最新一次预订"的推送服务，把酒店推送到商圈首页，可以让酒店的排名始终在首页停留，增加酒店曝光和浏览的机会。

一旦某个价格在规定的时间内销完目标库存，就可以考虑提价到高一级价格。

5.2.3 价格预埋与库存管控平衡法

确定了这样的收益策略以后，酒店需要对远期价格进行预埋，同时设置库存数量进行管控。有些酒店管理系统目前尚未提供这样的功能，这些控制工作需要手工制作表格，然后人工去填写，工作量相对比较大。

有些酒店管理系统提供了这样的功能，并且实现了与 OTA 的直连，酒店只要在自己的酒店管理系统中，对 OTA、协议单位、自来散客、会员等客源按照既定的价格体系填写即可。

如图 5-8 所示，酒店根据基础房价、浮动房价、房价策略等功能模块设计相应规则即可。

图 5-8 酒店 PMS 系统销售管理功能

为了学习价格设置的方法，可以扫描下方二维码进行学习。

5.2.4　当日目标收入下库存管控与价格投放平衡策略

通过以上方法的操作，收益管理人员就完成了"在完成目标收入前提下平衡库存管控与价格投放策略"。为了方便宇儿总结实操方法，以更好地培训酒店员工，顾问对以上操作方法进行了系统的梳理，具体如下。

（1）在酒店管理系统中，调取近期（至少一个月）的"开房时间段报表"，分析酒店在该时期日维度每个小时的平均开房量。

（2）确认日维度中，酒店开房的高峰期、波动期与低谷期。以前述案例为例，酒店的入住热度期为0~1点、2~3点、18~20点，入住高峰期为20点至次日0点，波动期为11~18点，其他时间为入住低谷期。

（3）确认酒店当前的平均房价，以该平均房价为主要参考线，向上30~40元投放价格，同时向下30~40元投放价格，这样投放的价格基本围绕当前市场的平均购买力（客人愿意支付价格的平均水平），也就是说，这样是围绕着最佳价格区间在投价。

（4）设计价格梯队：价格梯队以10~20元为价差，依次提高。

（5）确定引流房房型：以大床房和双床房为基本区分，宇儿酒店大床房相对双床房比较畅销，也就是说，双床房相对不好卖、空置可能比较大，那么，就以双床房为引流房型。确定引流房型后，设定其价格为99元。这时，大床房的最低价应该设置到109元，和引流房价保持10元的价差即可。这样设置的目的，是考虑有些客人想订大床房，看到酒店的引流房价格是99元后，以为大床房低价是99元，进到酒店页面后如果发现大床房最低的价格是129元，就可能觉得这个价格太高，客人可能就会流失。这样一来，酒店虽然有了浏览量，但是并没有支付转化率。

（6）确认酒店期待的日收入额度：设置好酒店预期的收入后，按照不同价格计划成交的间夜量进行推算，确保每个价格成交的房间数产生的收入总额等于或大于酒店目标收入的额度即可。

（7）库存给量控制：按照入住时间热度排列酒店库存控制的时间，确定在某个时间段内，不同的价格计划成交的房间数，规避酒店以较低的价格销售较多房型的风险。

（8）综合控制思路：按照如上方法设置了价格及库存控制方案后，就可以等待预订，然后观察在某个时间段内，某个价格是否到达了库存给量的最大值，如果达到了最大值，这个价格就可以涨价到上一级价格。

（9）风险规避：有时预订的进度并不能达到酒店设定的要求，这时要考虑使用推广工具以提高酒店的排名，让酒店尽快产生预订，否则，就会耽误销售时间。

以上方法为酒店当日目标收入下，关于库存管控与价格策略的应用方法。

在酒店的经营中，我们还是鼓励要努力争取更多的远期预订，为当天销售房间减轻压力。

5.3　评估预订进度管控效果的 5 个技法

任何完美的计划，都必须具备较强的可操作性，而任何可操作性强的方法，都要有相应的效果评估标准，否则，实操的方案就难以控制其产生的效果。具体评估与应用方法如下。

5.3.1　远期市场竞争力（占有率环节评估）

远期市场竞争力的主要表现就是酒店是否有远期预订，远期预订多，说明酒店在未来日期的市场竞争中处于优势。如果远期预订多且增速快，则说明酒店的远期价格投放得太低，需要提价。

提价的时候，切忌一次提价幅度太大，应进行提价测试，一般情况下，建议提价 10% 进行测试，如果提价 10% 以后依然有预订但是预订得比较少，说明这个提价基本达到上限，可以继续观察，等再次出现预订增速时，可以考虑再提价 10%。

那么，怎么判断是否有预订增速呢？

方法一：查看公明收益 VIP 日报中的"销售间夜明细"。一般认为，远期某一天的销售订单超过 5 单，或者销售间夜超过 5 间夜，就可以对预订较多的房型进行提价观察。

方法二：在酒店管理系统的远期房态里确认。以别样红 PMS 系统为例，在该系统可以明确看到某个房型未来某天已经预订了多少间，剩余多少间。一旦发现某个房型预订较多、库存减少时，就要对该房型涨价。某个房型是否涨价，主要根据这个房型的实际数量减去已经销售的数量来判断库存是否较少。

假设今天是 7 月 5 日，我们发现 7 月 9 日的贵宾大床房已经被预订了 3 间，还有 17 间库存。这时离 7 月 9 日还有 5 天销售时间，酒店还有较长的销售时间，因而销售压力并不大。这时可以对贵宾大床房提价10%。

假设到了 7 月 8 日，我们发现 9 日的贵宾大床房已经被预订了 9 间，只剩下 11 间，根据酒店的正常销售情况，在 9 日当天销售 11 间大床房是没有压力的，也就是说，剩下的 11 间房酒店有 2 天的时间销售，销售压力几乎不存在，也就完全有涨价的机会。这时，酒店本应再提价一次，但是 8 日并没有及时提价，以致让贵宾大床房低价多销售了 5 间，所以，现在要做的是再提价 10%，否则就会出现远期投价较低。

5.3.2　远期价格与成交房型评估方法

对远期成交价格与成交房型的评估，主要应根据酒店当日的库存量来确认。只要库存量在减少，剩余有效的销售时间相对较长，就可以提价做测试。我们举例来说明。

依然以上述的贵宾大床房为例，该房型总房间数量为 20 间。

假设现在的时间是 7 月 5 日，我们检查远期预订时，发现 7 月 9 日这个房型已经以 158 元的价格被预订了 3 间，目前 9 号贵宾大床房还剩下 17 间。这样的预订状态显示 9 日已经有了市场需求，而且这个房型的库存量并不大，所以，应该涨价做测试。

常规建议：对 7 月 9 日的贵宾大床房提价 10%，也就是把 158 元的价格提价 10%，提价到 173.8 元，修正后提价到 175 元。

假设我们在 7 月 6 日晚上 23 点检查远期预订时，发现 9 日贵宾大床房新增 1 间预订。这说明该房型涨价后市场虽然有需求，但是需求并不大，所以，175 元这个价格不宜再涨，应该继续观察。

假设我们在 7 月 7 日晚上 20 点又一次检查预订，发现 9 日的贵宾大床房，新增了 2 间预订。这时，9 日的贵宾大床房还有 14 间库存，距离 9 号只有 8 日 1 天时间，酒店在 8 日当天以 175 元销售 14 间大床房显然压力会比较大，所以，我们决定，贵宾大床房依然维持 175 元的价格不变，继续观察，争取再跑几间量。

假设我们在 7 月 8 日晚上 21 点再次检查远期预订时，发现 9 日的贵宾大床房新增了 5 间预订，库存还有 9 间。我们分析，9 日当天以 175 元的价格销售 9 间贵宾大床房是有希望的，但是价格不能再涨。于是，我们继续维持 175 元的价格不变。

假设时间到了 9 日中午 11 点，我们发现贵宾大床房新增了 2 间预订，库存只有 7 间了。目前距离酒店最后一个入住高峰期凌晨 2 点，还有 15 个小时，且酒店的入住高峰期在 20 点以后，这时，我们决定对贵宾大床房再次提价 10%，修正后提价到 193 元。

假设时间到了 9 日 16 点，贵宾大床房又新增 2 间预订，库存还有 5 间。这时，我们的有效销售时间还有 10 个小时，我们决定，对贵宾大床房提价 20%，修正后提价到 230 元。

假设时间到了 9 日 21 点，贵宾大床房又新增 1 间预订，库存还有 4 间。

这时，我们的有效销售时间还有 5 个小时，以这个价格销完贵宾大床房有一定压力。于是，我们决定继续观察。

假设时间到了 23 点，贵宾大床房又新增 2 间预订，库存还有 2 间，而我们的有效销售时间还有 3 个小时。于是，我们决定对贵宾大床房再次提价 10%，提价到 253 元，并决定再增加 1 间预订后，再次提价 10%，最后 1 间以 278 元的目标价格成交。

以上案例就是结合预订进度与某房型库存和有效销售时间，对某房型的价格策略进行管控的实操过程。

5.3.3　远期收入占比平衡方法

远期收入占比平衡方法，是对远期预订进行管控的另一种实操方法。其实现方式是在酒店收入预期的整体层面，平衡远期预订及当日价格策略的执行。我们还是通过案例来解说。

我们依然引用前面的案例。假设酒店的日营收目标为 11 500 元，7 月 5 日在检查远期预订时，发现 9 日已经有 15 个间夜的预订，预订产生的收入是 1 950 元。

这时，我们要进行计算：总营收目标为 11 500 元，总房间数为 79 间，意味着平均每间房要卖出 145.57 元的价格，也就是酒店的单房收益要达到 145.57 元，才能实现我们的收入预期。

但是，9 日销售了 15 间夜，产生收入 1 950 元，平均房价为 1 950/15=130(元)。这时，我们要计算剩下的房间的平均房价要达到多少，才能保证实现预期的收入。

计算方式如下。

第一步：求目标收入差额。

目标收入差额 = 目标收入 − 已经产生收入 =11 500−1 950=9 550 元。

第二步：求剩余可售房间数量。

剩余可售房间数量 = 总房间数量 − 已售房间数量 =79−15=64 间夜。

第三步：求完成日目标营收前提下剩余可售房间的平均房价。

完成日目标营收前提下剩余可售房间数的平均房价 = 目标收入差额 / 剩余可售房间数量 =9 550/64=149.22 元

也就是说，酒店剩余的房间平均房价要达到约 150 元，才可能保证完成 9 日的日收入目标。

因为 9 日的房间以较低的价格销售的房间数量太大，导致后面的销售压力比较大（平均房价压力较大）。

最终，我们以 150 元为目标平均房价来修正价格政策。这时，我们决定把引流价格设为 130 元左右，因为如果引流价格太低，完成日营收的目标就更难了。而且 130 元的引流房要限量，尽量鼓励多成交 150 元以上的房型。

具体的价格梯队：129 元—139 元—149 元—159 元—169 元—189 元—209 元。

假设时间到了 7 号，我们发现 9 日已经被预订的房间数达到了 25 间，预计产生的收入是 3 550 元。

按照如上方法，计算出目标收入差额是 7 950 元，剩余可售房间是 54 间，完成日目标营收目标下剩余可售房应达到的平均房价是 7 950/54=147.22（元）。对比 150 元的平均房价目标，我们的销售压力有所缓解。

那么，房型价格是否要进行调整呢？

这时，我们先要对酒店当天的销售规律进行一个基本了解。常规情况下，酒店每天可以销售 50 间房。今天是 7 日，距离 9 日还有 1 天的远期销售时间，加上 9 日当天，共有 2 天销售时间，这个压力并不大。

于是，我们把酒店的引流价格提升到 139 元，同时进行限量销售。

然后，调整价格梯队为：139 元—149 元—159 元—169 元—189 元—209 元—229 元。也就是对 189 元以下的价格统一涨价 10 元，对 189 元及以上的价格统一涨价 20 元。

这样的价格梯队是为了便于测试，一旦发现预订增速，结合某房型库存减少的情况，这个房型就可向上一个价格提价了。

5.3.4　价格管控、库存管控、收入预测综合评估

价格管控＋库存管控＋收入预测综合评估这项工作，是酒店经理日常工作的核心。具体的实操方法前面已经做过相关讲解。诚然，每个酒店所处的商圈不一样，档次不一样，客源结构也不一样，上述方法也可作为酒店的执行参考，酒店还是要根据自己商圈的客源特点与上客规律来具体设定。

我们还需要通过一些基本原则来整体把握对价格、库存、收入预测的综合操盘能力。基本原则如下。

（1）从远期策略入手（距离今天不少于 10 天），日常检查酒店各房型的远期预订数量及库存。

（2）远期预订产生后，根据预订订单数量观察预订是否有增速，预订订单数量越多，说明增速越大，则提价时机就出现了。

（3）提价幅度：检查该房型的库存，如果房型库存较多，可提价

10%进行观察，如果再出现预订增速，可再次对该房型提价。

（4）库存管理评估原则：避免某房型以较低价格销售过多。

（5）价格管控评估原则：避免一次提价过高；每次提价后要进行观察，发现预订增速时，结合库存和有效销售时间评估涨价幅度。

（6）收入预测评估原则：以日目标收入为导向，平衡库存与价格的关系，避免酒店已经满房但是收入并没有达到预期。

5.3.5　房型销售口碑竞争力与风险评估方法

对远期预订进度的控制过程，实际上是对具体房型库存及价格的有效管控过程。房型是否具备市场竞争力，会受到该房型新增好评或差评的影响。如果某房型获取到好评，则该房型的口碑竞争力会提升，如果某房型近期出现差评，则会直接影响这个房间的预订效果。

一旦某房型出现房型质量方面的严重差评，从价格层面来说，我们通常会想到通过降价来加快这个房型的预订增量。但是也有酒店对新增严重差评的房间进行涨价，该房型涨价后，就会滞销，会让其他浏览到该房型差评的客人认为是房间价格太高而招致不满，客人因此会预订其他房型。最后，酒店会把这个客人"升级"到这样的房型，实现这个房型的销售目的。

但价格层面的策略对酒店的口碑竞争力打造而言，是治标不治本的做法。酒店行业的本质是服务行业，我们应该始终保持初心，可能我们的产品存在一些缺陷，但是我们可以用最热情、最优质的服务，让客人满意。

| 本章小结 |

◎ （1）预订管控不科学的 6 类现象：远期订单少；远期订单多但收入少；远期调价不及时，取量与取收入不当；当天空房多，销售压力大；当天低价房占比大，收入提升压力大；白天投价失误，晚上低价甩房。

◎ （2）远期预订少，说明酒店做经营决策时，不重视、不开发未来预期的市场，对未来市场开发没有前瞻性，以致酒店将在时间维度失去更多的销售机会。

◎ （3）最简单、最直接、最有效的远期投价的参考底价，就是单房收益。

◎ （4）每一个房型实际成交的平均房价，就可以作为远期对这个房型投价的参考。

◎ （5）远期订单多但收入少的原因：引流价格设置得较低，当引流价格引来预订并出现增速后，酒店并没有及时对引流价格进行提价，反而给这个最低价补充了更多库存；引流价格与主力房型最低价的价差太大。

◎ （6）进行远期投价的目的，是为了做市场对价格敏感度的测试，如果远期投价完成后产生了预订，说明新价格有一定的市场接受度。如果远期预订开始增多，说明这个价格有效刺激了远期的市场需求，可以考虑做一次试探性的提价。提价后如果预订量减少，说明价格相对合理，如果提价后 1~2 天没有预订的产生，说明提价有些高，需要回落一点。

◎ （7）远期的投价主要是为了刺激远期预订的产生，然后根据预订增加的速度考虑是否进行提价。

◎ （8）通过远期的首次投价、逐步提价，确保远期有更多的预订，来保证当天有涨价的机会。如果当天空房太多、库存压力大，酒店就不宜涨价，甚至可以通过降价、甩房来推动销量。但这种做法严重影响了酒店的经营秩序，会培养出很多只在晚上等酒店甩低价房时才预订的客人。

◎ （9）远期销量越多，当天的涨价机会就越多，能提价的幅度就越大。

◎ （10）库存管控计划：确保不同的价格在不同的时间节点最多可以销售的房间数量。

◎ （11）对进度与销量的控制方法，是按照最低价值预期产生预订进度的方式设计的价格、时间、库存最大供应量的控制策略。

◎ （12）远期市场竞争力的主要表现就是酒店是否有远期预订，远期预订多，说明酒店在未来日期的市场竞争中处于优势。如果远期预订多且增速快，则说明酒店的远期价格投放得太低，需要提价。

◎ （13）提价的时候，切忌一次提价幅度太大，应进行提价测试，一般情况下，建议提价10%进行测试，如果提价10%以后依然有预订但是比较少，说明这个提价基本达到上限，可以继续观察，等再次出现预订增速时，可以考虑再提价10%。

◎ （14）对远期成交价格与成交房型的评估，主要应根据酒店当日的库存量来确认。只要库存量在减少，就可以提价做测试。

◎ （15）远期收入占比平衡方法，是对远期预订进行管控的另一种实操方法。其实现方式是在酒店收入预期的整体层面，平衡远期预订及当日价格策略的执行。

◎ （16）价格管控、库存管控、收入预测综合评估工作流程。

①从远期策略入手（距离今天不少于 10 天），日常检查酒店各房型的远期预订数量及库存。

②远期预订产生后，根据预订订单数量观察预订是否有增速，预订订单数量越多，说明增速越大，则提价时机就出现了。

③提价幅度：检查该房型的库存，如果房型库存较多，可提价 10% 进行观察，如果再出现预订增速，可再次对该房型提价。

④库存管理评估原则：避免某房型以较低价格销售过多。

⑤价格管控评估原则：避免一次提价过高；每次提价后要进行观察，发现预订增速时，结合库存和有效销售时间评估涨价幅度。

⑥收入预测评估原则：以日目标收入为导向，平衡库存与价格的关系，避免酒店已经满房但是收入并没有达到预期。

第六章

如何有效设定旺季收益策略

【本章概述】

在酒店的年度经营过程中，旺季收入的有效提升，对酒店年度预算收入的整体提升有着重要的影响。很多酒店旺季时的收入占全年营业收入的40%以上。如果旺季收益策略的设定有偏差，执行得不够灵活，酒店的年度营收可能无法获得有效提升。

本章讲述宇儿因为对市场热度预期过于乐观，在2019年的"五一"劳动节和"六一"儿童节收益策略执行期间，使整个酒店管理团队度过了一个假的旺季。为了精准做好酒店旺季收益管理工作，宇儿在PMS旺季分析报表中发现了解决的办法，通过综合方法的有效运用，在2019年端午节全国市场流量缩水的情况下，实现了单房收益的稳定增长。

宇儿的这套策略也成了公司的模板案例。

6.1 制定旺季策略容易出现的 5 个失误

截至目前，宇儿打造公司标准化收益管理工作体系的工作，已经完成了如下环节的方法规范与标准流程的制定。

（1）梳理出了酒店经营分析与市场预测的 6 个组合技法，并把这一套方法应用到淡季提升出租率的具体工作中，同时制定了评估出租率（市场占有率）提升效果的 5 个方法。

（2）梳理出了提升 OTA 渠道市场占有率（销售间夜量）的 6 个综合方法，集中应用在曝光指数提升、浏览指数提升、转化率指数提升、价格竞争力控制、出租率拉升控制、单房收益平衡控制这 6 个方面，同时制定了评估 OTA 渠道市场占有率提升效果的 5 个关键指标。

（3）梳理出了测评竞争对手的 2 类方法，制定了监控竞争对手 5 类关键指标的应用办法，同时设定了评估竞争对手效果的 7 个指标的应用办法。

（4）梳理出了实时监测与评估竞争对手的 9 个指标的应用方法，制定了实时掌控竞争对手的 4 个组合技法，同时确定了评估日常收益管控效果的 7 个组合方法。

（5）结合预订进度管控不科学的 6 类现象，梳理出了关于有效管控预订进度的 4 个组合技法，并确定了评估预订进度管控效果的 5 个技法。

制定了以上工作方法的标准与流程后，宇儿认为酒店日常经营中的收益管理 SOP 体系已经基本搭建完成，但是关于旺季收益策略制定的工作标准流程还没有搭建。在顾问的提醒下，宇儿开始整理本酒店旺季的相关资料。

于是，本酒店"五一"劳动节的收益策略成了重点研究的案例。

酒店旺季收益策略的制定，要根据酒店历史同期的数据分析酒店价格竞争力、产品竞争力、客源特点、市场占有率等维度的表现，同时结合酒店近期（环比）如上数据的表现，对酒店收益策略进行整体的把握与布局。但是，很多酒店在策略的制定与执行过程中依然会出现一些问题。

6.1.1　市场预期无参考 / 盲目乐观

关于对市场预期无参考或者盲目乐观的现象，我们回看一段小故事。

宇儿公司在给这家酒店制定 2019 年度经营预算时，计划 4 月份的收入预算是 310 000 元，预算出租率为 80%，平均房价 164 元，单房收益为 131 元。

而 4 月份实际出租率只做到了 41%，平均房价只达到了 158.96 元，实际收入为 154 461 元，比预算收入 310 000 元少了 155 539 元，而且出租率与平均房价都没有预算计划高。也就是说，酒店的实际经营情况远未达到公司的预算要求。

这家门店的店长认为集团公司对本店的预算不合理，预算期望太高。

酒店年度收入预算的各项指标，是为酒店在年度经营中制定的经营奋斗目标，是结合酒店前一年的实际经营情况，加上集团公司在新的一年对店面收入增长的期望，重新设定的新一年的预算收入指标。

根据酒店过去一年每个月份的实际经营情况，再将年度预算指标分解到具体月份。

这就是店长认为集团公司对本店预算不合理的主要原因。店长表示，自己理解集团公司对实现门店收入增长的期望，但并不是公司想让门店收入增长多少，门店就一定能增长多少，要尊重门店的实际情况。

鉴于以上情况，集团公司给门店计划的 5 月份的收入预算比 4 月份多了 20%，酒店 5 月份的预算收入为 372 000 元，以收入预算为指标进行倒推，在酒店出租率达到 90% 的情况下，平均房价应达到 218 元。

店长在做 5 月份工作计划的时候，内心已经认定这个预算就是一组无用的数字，压根不用看。所以，对于 5 月份的工作计划，店长依然按照自己的想法进行。

如果不考虑集团公司月度预算对自己的要求，那么，店长在做 5 月工作计划时，应根据本酒店去年 5 月份的具体收入情况来设定工作计划。

店长在酒店管理系统中查询了"月度营业收入报表"，发现去年 5 月份的实际营收是 188 911 元。店长认为去年 5 月的营收太低，不能作为今年的收入预算参考。

基于以上种种原因，店长没有找到今年 5 月份设定收益策略的具体参考数据。但是，他又想让 5 月份的收入能拔高一些，毕竟已经进入旺季。所以，他在 OTA 渠道查询了周边 5 个主要竞争对手的售房价格，发现竞争对手 5 月份的售房价格比其 4 月份的价格高出 15%~20% 不等。

店长之所以这么做，是因为他动了点小聪明。周边 5 个竞争对手中有 4 个是单体酒店，有一个是知名品牌的连锁酒店。店长知道连锁酒店的收益管理做得比单体酒店好，它之所以把 5 月份的价格提高 20%，是因为预测到了 5 月份的市场价格需求会提高 20%。自己学着它做就好了。

于是，店长也把自己酒店 5 月份在 OTA 的售房价格提高了 20%。

顾问认为，店长借鉴连锁酒店在价格策略方面的一些做法，思路是对的，但是仅仅模仿别人的价格策略是不够的，还要考虑到本酒店的综合竞争力是否能和连锁酒店比较。

店长在这个环节还有一个特别大的疏漏：他看到连锁酒店价格提升了 20% 后，对市场的预期比较乐观，却没有检查自己酒店在 OTA 上的排名，也没有对自己酒店的历史成交间夜量、曝光量、转化率等指标进行分析。如果本酒店 4 月份在 OTA 上的排名比较靠前，那么 5 月份在 OTA 上还有一些排名优势。遗憾的是，本酒店 4 月份在 OTA 上的表现并没有店长想象的那么出色。也就是说，本酒店 5 月份在排名上并没有足够的优势。

这就会导致以下一系列问题。

（1）竞争对手的低价房预订较多，对手出现关房或提价后，本酒店的低价房预订才会出现一定的增速。

（2）本酒店的预订进度比较慢，预订增速也没有竞争对手高。

（3）因为预订增速比较慢，酒店在当天空房的可能性比较大，因而库存压力比较大，平均房价提升的可能性较小。

（4）一旦市场需求没有预期那么好，本酒店很可能出现黄金周当天降价促销的尴尬，这会导致前期部分订单在当天出现一定的取消，影响酒店的有效销售时间。

那么，事实究竟是怎样的呢？我们继续往下看——毕竟影响酒店收益策略执行效果的因素还有很多。

6.1.2　预订进度与增速管控不科学

在 4 月 25 日那天，店长为了监测"五一"小长假的收益策略执行情况，特意对酒店"五一"期间的订房情况进了查阅和分析。数据表现如下。

（1）4 月 30 日，酒店目前预订间夜数 25 间，空房还有 54 间，其中大床房空房 24 间，双床房空房 30 间。

（2）5 月 1 日，酒店目前预订间夜数 34 间，空房还有 45 间，其中大床房空房 25 间，双床房空房 20 间。

（3）5 月 2 日，酒店目前预订间夜数 18 间，空房还有 61 间，其中大床房空房 35 间，双床房空房 26 间。

（4）5 月 3 日，酒店目前预订间夜数 16 间，空房还有 63 间，其中大床房空房 33 间，双床房空房 30 间。

看到以上数据，店长认为目前订房数量最多的是 5 月 1 日，而且根据常规情况，5 月 1 日是放假的第一天，市场需求最大，所以应该涨价。于是，店长在没有查询竞争对手目前投价的情况下，把 5 月 1 日各个房型的价格统一上调了 20%。

在 4 月 28 日那天，店长又对"五一"小长假的收益策略执行情况进行了一次查阅和分析，数据表现如下。

（1）4 月 30 日，酒店目前预订间夜数 37 间，空房还有 42 间，其中大床房空房 22 间，双床房空房 20 间。

（2）5 月 1 日，酒店目前预订间夜数 41 间，空房还有 38 间，其中大床房空房 28 间，双床房空房 10 间。

（3）5月2日，酒店目前预订间夜数29间，空房还有70间，其中大床房空房40间，双床房空房30间。

（4）5月3日，酒店目前预订间夜数19间，空房还有60间，其中大床房空房28间，双床房空房32间。

店长发现，4月30日、5月1日、5月2日、5月3日都出现了一定的预订增速，于是他决定再次涨价，对于涨价的情况考虑如下。

（1）4月30日，空房还有42间，这是放假的前一天，需求不是很强，考虑到大床房和双床房空置量差不多，所以这两个房型涨价不应该太多，提升10%。

（2）5月1日，空房还有38间，这是放假的第一天，市场需求比较旺，而且空房已经很少，由于双床房空房只有10间，销售压力很小，再提价30%；大床房目前空房还有28间，销售压力也不大，再次提价20%。

（3）5月2日，空房还有70间，这是放假的第二天，虽然空房数量较上次统计增加了9间（部分客人取消预订造成的），但是按照常规来判断，市场需求相对也比较旺，只是由于当前空房还比较多，价格不能涨太多，否则销售压力太大，因此决定大床房再次提价10%；双床房型空置量相对较少，再次提价20%。

（4）5月3日，空房还有60间，距离上次统计只增加了3间销售量，销售增速没有出现，而且这是放假的最后一天，很多客人会返程，房间需求不会太大，空房还比较多，所以所有房型的价格先不涨，看看再说。

做好以上价格调整后，店长放心了，因此在价格管理方面就没再关注太多。

5月1日上午11点，店长在检查酒店收益策略执行情况时，发现了较多问题，具体如下。

（1）5个观察的竞争对手中，连锁酒店的中低价房已经满房，现在都是400元以上的高价房在销售。

（2）其他4个竞争对手中，有一个已经全部满房，而另外3个酒店居然降价了，价格比平时略高，但比原来的"五一"假期的投价低了很多。

（3）店长检查自己酒店5月1日的预订，发现目前空房还有35间，居然从4月28日起，5月1日的预订就没有增速了。

店长认为，虽然本酒店还有35间空房，而且有3个竞争对手降价，但我还有13个小时的有效销售时间，实现满房应该没问题；往常"五一"当天，经常到半夜还有客人订不到房间呢，所以不用担心。

到了5月1日晚上22点，店长发现自己的空房还有29间，而且全天的订单量并不多。这时他着急了，赶紧把当天所有房型的价格统一下调了20%。

到了晚上23点，店长发现还有23间空房，在检查竞争对手价格的时候，发现原来已经关闭低价房型的竞争对手现在不但把已经关闭的房型打开了，而且价格调得更低了，居然和平时的价格差不多。店长赶紧把自己酒店所有房型的价格又统一下调了20%，基本降到了平时的价格。

最后，"五一"小长假前后几天的房间实际销售情况如下。

（1）4月30日，酒店空房2间，均为大床房。

（2）5月1日，酒店空房5间，均为大床房。

（3）5月2日，酒店空房7间，其中大床房4间，双床房3间。

（4）5月3日，酒店空房35间，其中大床房30间，双床房5间。

店长郁闷地表示过了一个假旺季。但根据对周边竞争对手情况的了解，大部分酒店虽然满房了，但价格都不高，还有一些酒店没有满房。这么看的话，竞争对手也过了一个假旺季。

了解到上述情况后，店长反倒放心了，认为这是市场需求所致，不是自己的问题，自己已经根据市场需求和竞争对手的价格变化，果断及时地做了调整。

对于店长在"五一"小长假根据预订进度管控价格的表现，顾问总结了店长在价格敏感度把握方面存在的下列问题。

（1）根据个人经验判断提价幅度，没有做提价试探。每次提价后就不再关注，等到发现进度慢时已经是当天了，耽误了较多的有效销售时间。

（2）对竞争对手临时调整价格的变化不敏感。比如，发现连锁酒店还在销售较高价的房型且库存较多，说明市场对中高价房型的需求还不够强，此时不应急着提价。

（3）虽然部分竞争对手满房了，但是还有部分竞争对手降价了。从这个表现可推断出可能存在的风险：满房的竞争对手担心客人有临时性延住，出现当天房间爆满不够分房的情况，也担心客人因此给酒店差评，就索性先关房，即使有房也先不销售，留一部分房间等当天中午14点在客人完成退房手续后，根据退房和客人延住的数据情况再决定怎么做。

这个分析结果的主要依据是竞争圈当前还有部分酒店在降价。在同一个商圈，如果部分酒店出现降价，说明大家的空房都比较多，库存压力比较大，再次降价及晚上甩房的可能性很大，目前酒店涨价时机并不成熟，涨价风险比较大。

（4）因为对酒店预订进度与库存的管控不科学，出现了酒店在当天跟风其他酒店做临时性降价的情况，让酒店之前涨价的收入被现在的降价影响，拉低了酒店整体的平均房价。

6.1.3 线上、线下客源占比管控失衡

顾问要求宇儿查看酒店"五一"小长假期间的取消订单。

客人预订后又取消订单，会对酒店当时的库存管理及价格策略产生重要的影响，比如库存少的时候，酒店会涨价；但是临近入住日期时，客人又取消订单，就会严重耽误酒店的有效销售时间。所以，在旺季，酒店要高度重视客人的预订取消情况。取消数量异常的日期，预示市场需求在当天有异常，应尽快调整预订政策及价格，避免取消订单太多，影响酒店收益策略的正常执行。酒店管理系统中根据客人预订、取消等各个操作时间段，对订单有具体的分类统计，当我们要查看某一天的取消订单情况或某一个时期内的取消订单情况时，在 PMS 系统中可根据时间设置等查询功能进行查看。为了熟练操作该功能，可扫描二维码进行学习。

宇儿发现，某旅行社原预订了 4 月 30 日至 5 月 1 日的 25 间房，最终在 4 月 30 日临时变更行程，改为 5 月 1 日入住，2 日离店。

而酒店的实际用房情况是：4 月 30 日，酒店空房 2 间，实际销售了

77 间房；5 月 1 日，酒店空房 5 间，实际销售了 74 间房。

也就是说，在 4 月 30 日当天，酒店因为有 25 间团队房入住时间变更，导致 4 月 30 日当天酒店"新增了"需销售的房间数 25 间。这是 30 日酒店没有办法再次进行提价的主要原因。

而 5 月 1 日当天，酒店临时"新增"25 间团队房入住，如果不是这 25 间房占用了库存，酒店当天的空房数量会更多。也就是说，市场在 5 月 1 日的需求其实并不多，结合有竞争对手在降价，再次验证了这个情况。而店长在 5 月 1 日当天 23 点才开始调价，时间已经比较晚了，所以出现了 5 间空房。

据店长回忆，在"五一"小长假期间，酒店在 OTA 上的库存是限量销售的，中低价房设置的是限量 1 间，高价房设置的是限量 2 间。而且在操作过程中，中低价房被预订后，酒店因为不想再销售中低价房而没有及时补充库存；但是长时间没有预订后，又把中低价房型打开了，依然限量 1 间。

在 OTA 限量销售的目的，其实是为了让前台对自来散客卖出更高的价格。所以，前台为了卖出更高的价格，也不会积极在 OTA 上打开中低价房。因为大家都清楚一个规律：中低价房比较好卖，而且也容易卖出高价，提成也多。如果在线上把中低价房型都卖了，前台要把高价房销售给客人的难度会加大；即使得到了提成，其额度可能也不如把中低价房间卖出更高价格的奖励高，毕竟高价房型因为本身投价就比较高，前台通过再次涨价销售出去的可能性比较低。

举例说明：假设低价房的价格是 218 元，房型是经济大床房，而经济大床房此时在 OTA 已经关房了。酒店此时的中价房是舒适大床房，价格是 288 元。这时，前台来了一个客人订房，员工推荐 288 元的房型，成功的可能性比较大。在客人接受 288 元的价格后，前台员工给客人提供的房型是经济大床房。这时，就等于前台员工把 218 元的经济大床房卖出了 288 元的高价，员工可以拿到较高的提成。

再看一个例子。假设酒店 218 元的经济大床房和 288 元的舒适大床房线上都关房了，线上只有 388 元的舒适大床房。前台来客人要订房，前台告知客人只有 388 元的舒适大床房时，有部分客人可能不接受，在手机上查看到隔壁酒店还有 280 元的大床房时，客人就可能离开。

所以，当时的价格越高，员工越不好向自来散客推销房间。因此，在 OTA 关闭低价房后，员工就较容易把低价房向客人卖出高价。

这种自以为聪明的行为，在酒店行业很常见。主要是大家还没想明白一个问题：旺季是酒店提高曝光量、浏览量、转化率、卖出较高价房型的最好时机，这些数据会较好地支撑酒店在 OTA 上排名的权重；不应该捡了芝麻，丢了西瓜。

综合以上情况可以看出，这是店长对线上、线下用房数量分配不合理出现的问题。

6.1.4　分级价格与库存给量管控不科学

如上所述，酒店通过对中低价房线上限量销售的方式，想让酒店在前台卖出较高的价格。这种做法除了让酒店在曝光量、浏览量、转化率、成交间夜量等方面损失小长假后排名计算权重以外，也会对当天的排名推荐产生负面的影响。

这是一个非常简单的道理：小长假期间的市场需求比较高，OTA 平台也需要在需求最高的时期有更多房间供客人选择，希望在小长假期间平台能销售更多间夜的房间量。

如果你的酒店这时在线上关房或者减少库存，平台就不会把你作为重点扶持的酒店优先推荐给客人。这也是宇儿酒店关房或减少库存以后酒店预订进度变慢的原因。

同时，还有一个问题要注意：不管在淡季还是旺季，中低价房型都是市场上相对畅销的房型，一旦对中低价房型实行关房或减少库存，平台肯定会更多推荐其他中低价房型库存量大的酒店，这样你的竞争对手可以一边卖房，一边小幅度涨价，在赚了曝光量、浏览量、转化率的同时，还提高了平均房价，多卖了更多房间。在小长假过后，因为有以上历史数据的支撑，竞争对手酒店的排名权重比你的酒店高，竞争力比你的酒店强，排名比你的酒店高，销售的间夜量自然也会比你的酒店多。

6.1.5　临时降价减库存产生负面影响

但凡酒店临时性降价，都是基于价格与库存的销售策略没有设计和执行好的表现，也就是收益策略不成功的表现。

酒店临时性降价减库存的做法，会产生如下负面影响。

（1）提前预订房间但还没有入住的客人，取消订单的可能性比较大。

（2）提前预订了房间并已经入住的客人，发现酒店该房型现在降价了，客人的消费体验会比较差，认为被酒店"坑"了。客人给差评、到前台投诉的风险会增加。

（3）酒店经常出现在当天降价或者在晚上甩房的情况，会让老客、周边客人的预订时间越来越晚，因为大家都知道，酒店订得越晚越便宜。时间对每一个酒店都是公平的，每一天每一个酒店都有 24 个小时的有效销售时间。这样的操作，就会缩减白天有效的销售时间。比如同样是100 间房的酒店，竞争对手可以有 24 小时去卖房间，而你只有 12 个小时的销售时间，销售压力自然比别人大，价格就不敢提高，只能更低，长此以往，酒店就会陷入低价竞争的怪圈。

所以，甩房是临时性策略，不建议作为长期经营手段使用。

6.2 分析、制定、执行旺季经营策略的 7 个关键节点

以上是对旺季收益策略常见问题的总结分析。那么，要想做好酒店旺季的收益策略，应该从哪些方面着手呢？制定收益策略的流程又是什么样的呢？

6.2.1 平均房价走势分析

1. 分析平均房价走势的意义

分析去年黄金周及前后几天的平均房价走势，可以判断黄金周期间客人价格需求的走势。用这个价格走势作为参考来设定新的黄金周价格体系，可以很好地契合今年的黄金周市场的价格需求，为酒店远期预订产生做好前期准备工作。

2. 分析平均房价走势的逻辑

精准把握黄金周期间每一天的平均房价的走势，明确知道哪一天的

平均房价最高、哪一天的平均房价最低。

3.分析平均房价走势的方法

假设去年端午节期间的价格走势是这样的：

（1）端午节放假前一天，酒店平均房价为318元。

（2）端午节放假第一天，酒店平均房价为355元。

（3）端午节放假第二天，酒店平均房价为358元。

（4）端午节放假最后一天，酒店平均房价为297元。

由以上数据可以看出，支撑端午节期间房间高价的是端午节放假的第一天和第二天，严重拉低端午节期间平均房价的是假期最后一天。

因此，酒店在今年端午节期间的投价就应该参考去年的数据进行调整，具体思路如下。

（1）去年端午节放假的前一天，酒店的平均房价为318元，所以，酒店的引流价应设在318元以下，同时考虑把主力房型的最低价也设在318元以下，用318元以下的房型与价格去刺激市场需求，促使在远期产生端午节放假当天的预订。一旦出现了预订增速，酒店涨价的时机就到来了。

（2）去年端午节放假的第一天，酒店的平均房价为355元，所以，酒店的引流价应设为355元以下，同时考虑把主力房型的最低价也设为355元以下，用355元以下的价格和房型去刺激市场需求，促使在远期产生端午节放假当天的预订。一旦出现了预订增速，酒店涨价的时机就到来了。

（3）去年端午节放假的第二天，酒店的平均房价为358元，所以，酒店的引流价应设在358元以下，同时考虑把主力房型的最低价也设在

358 元以下，用 358 元以下的价格和房型去刺激市场需求，促使在远期产生端午节放假当天的预订。一旦出现了预订增速，酒店涨价的时机就到来了。

（4）端午节放假最后一天的价格投放，思路如上。

根据平均房价分析完价格投放的基本逻辑后，价格投放得是否准确还不能够确认，这时要考虑第二步，即销售量走势分析。

6.2.2 销量走势分析

假设酒店的总房间数为 79 间，去年端午节期间的销售量走势是这样的：

（1）端午节放假的前一天，销售房间数 75 间，出租率为 95%。

（2）端午节放假的第一天，销售房间数 79 间，出租率为 100%。

（3）端午节放假的第二天，销售房间数 65 间，出租率为 82%。

（4）端午节放假的最后一天，销售房间数 31 间，出租率为 39%。

从以上数据可以看出，市场的需求走势是端午节放假的第一天最高，端午节前一天次之，端午节放假的第二天略低，端午节放假的最后一天最低。

顾问强调，这个出租率的走势只能说明市场需求的走势状况，并不是说酒店出租率出现这种情况是正常的。在端午节期间，酒店能实现天天都在最后一个预订高峰期满房，才能证明这个酒店的收益策略做得出色。

为什么这家酒店没有天天满房，会出现这样的出租率走势呢？这就需要我们结合平均房价来看。具体分析如下：

（1）端午节放假的前一天，酒店的平均房价为 318 元，出租率为 95%。

（2）端午节放假的第一天，酒店的平均房价为 355 元，出租率为 100%。

（3）端午节放假的第二天，酒店的平均房价为 358 元，出租率为 82%。

（4）端午节放假的最后一天，酒店的平均房价为 297 元，出租率为 39%。

根据以上数据，分析思路大致如下。

（1）酒店在放假的前一天，平均房价是 318 元，出租率为 95%，这时我们要考虑平均房价对出租率的影响。通常情况下，酒店出租率达到 95% 但没有满房的原因大致有两个：客人临时取消订单；客人预订后没有入住（NO-SHOW）。从这个角度分析，酒店的价格投放相对比较理想，只是没有把握好预订进度和库存的有效管理，在最后一个销售高峰期库存数量较多，造成未能满房。

（2）端午节放假的第一天，酒店出租率为 100%，平均房价是 355 元。这样的数据说明酒店的价格设计非常合理。那么还需要分析吗？答案是还需要分析。收益管理的主旨是努力实现酒店收益的最大化，在出租率 100% 的情况下，我们还要去研究酒店的平均房价是否有提升的空间。

这时，我们要了解端午节当天酒店是几点满房的。如果是晚上 8 点满房，但是酒店最后一个预订高峰期是凌晨 2 点，那就说明酒店满房太早，完全可以通过对部分房型涨价的方式，在最后一个预订高峰期实现满房。由此可见，酒店的平均房价还有提升的空间。

（3）端午节放假的第二天，平均房价为 358 元，出租率为 82%。这样的数据说明端午节放假第二天的市场需求较前一天在减弱，酒店各房型的投放价格应该比前一天略低，而从平均房价成交的情况看，放假第二天的价格反而比第一天要高，说明在市场需求下降的放假第二天，酒店的价格投放偏高了，虽然取得了平均房价较高的好成绩，却降低了出租率，降低了市场占有率，会影响放假第三天的整体收益。

（4）端午节放假第三天的平均房价和出租率较前一天又有下降，其主要原因与放假第二天类似——没有结合市场需求的快速下降，临时调整酒店的投价。这一天应该把房价降至平时的价格，甚至比平时的价格略低，争取用压低平均房价的方式有效提高出租率。

6.2.3 收入走势分析

对酒店端午节期间的收入走势进行分析，主要目的是看端午节期间酒店每日的实际收入是否达到了预算要求。酒店的收入和单房收益一样，同时受出租率和平均房价的影响。

这个环节，我们主要从单房收益的角度去做分析。结合以上数据，酒店在端午节期间的单房收益表现如下。

（1）端午节放假的前一天，酒店的平均房价为 318 元，出租率为 95%，那么酒店的单房收益为 302 元。

（2）端午节放假的第一天，酒店的平均房价为 355 元，出租率为 100%，那么酒店的单房收益为 355 元。

（3）端午节放假的第二天，酒店的平均房价为 358 元，出租率为 82%，那么酒店的单房收益为 294 元。

（4）端午节放假的最后一天，酒店的平均房价为 297 元，出租率为 39%，那么酒店的单房收益为 116 元。

之所以计算酒店每天的单房收益，主要是为了弄清楚引流价格的设置标准，以保证酒店今年在端午节的收入不会比去年的低。

前面我们在分析酒店的平均房价时说过，可以通过平均房价来判断引流价和主力房最低价的参考点，而通过对单房收益数据的分析，我们可以精准地找到引流房价的参考点。

比如，去年端午节放假的前一天，酒店的平均房价为 318 元，单房收益为 302 元。那么，我们在做远期投价时，如果把价格设为 302 元，即使对预订进度管控得不够及时，以 302 元成交的数量很多，或者酒店所有房间都以 302 元销售出去了，我们的单房收益依然是 302 元，至少不会卖亏。

这就等于我们找到了酒店价格设计的底线。

以同样的方法，我们看端午节放假的最后一天，平均房价为 297 元，单房收益为 115 元，那么，我们在设计引流价格时，即使定为 115 元，把全部房间都卖出去了，也不会卖亏。

由此可见，引流价格是酒店所有房型中的最低价，除此之外还有中高价做支撑，所以，酒店的平均房价提升的可能性还有很大空间。

6.2.4 设定目标控制价格线

通过以上方式的推算，我们找到了平均房价的参考线，也找到了引流房价的参考线，其意义分别如下。

（1）平均房价代表了去年端午节期间，市场愿意购买酒店产品的平均价格承受力。我们以这个价格承受力作为参考点进行投价，就能相对准确地切入市场价格最佳承受力的范围。

（2）单房收益是价格设计的底线。通常情况下，单房收益比平均房价低，只有在出租率达到 100% 时，平均房价和单房收益等同。如果酒店通过半日租、钟点房、延迟退房收费等方式且把酒店的出租率做到100% 以上时，单房收益才会比平均房价高。

所以，在正常情况下，我们只要守住单房收益作为酒店价格的底线，酒店的单房收益相比同期下降的可能性就比较低，除非市场遇到了地震、灾难等不可抗力因素，致使市场需求比去年同期下降很多。

6.2.5　设定细分产品价格参考线

所谓细分产品价格参考线，其实就是每个房型在去年端午节实际成交的平均房价。

我们以去年端午节每个房型的实际成交平均房价作为参考，进行今年的投价，平均房价和收入做低的可能性就很小。

去年端午节期间每个房型的平均房价，代表了那个时期市场愿意购买这个房型的平均价格承受力。比如去年端午节放假的第一天，酒店豪华大床房的定价是 458 元，而这个房型最终的实际平均房价只有 349 元，这说明这个房型有一部分房间是以原价卖出的，还有更多的房间是通过其他房型升级上来的。

通常情况下，我们对房型定价时，更多是通过成本定价及投资回报期望倒推出来的定价。这个价格能否很好地被客人接受，我们无法确定。

价格是由市场供需关系决定的，同时受竞争对手定价的影响。

所以，我们对房型投价时，根据这个房型过去同期实际成交的平均房价去进行投价，成交的可能性更大。

酒店始终要有一个主张，那就是期待自己的房间更多是以投放价成交，而不是通过低价房型升级成交。如果高价房型只能通过低价房型升级实现销售，那就说明酒店的高价房型在市场上始终没有形成真正的价格竞争力。

6.2.6　设定分级价格与库存给量控制标准

设定分级价格与库存给量的控制标准，我们在上一章已经讲过（具体参见"有效管控预订进度的4个组合技法"一节的内容），在此不再赘述，下面主要就实操的控制节点做具体阐述。

1. 引流房价格设定与库存给量的标准

引流价格的投放目的主要是为了实现引流。引流的主要方式是通过这个价格吸引客人进入酒店的页面，然后在酒店页面里选择其他较高或者更高价格的房型。

其实，我们并不期待以引流价格达成很多成交，但是我们又想让引流房起到至少两个方面的作用：一是和等价或者低价的竞争对手在流量高峰期进行竞价竞争，避免本酒店多个房型同时降价，拉低酒店整体收入的风险，同时也不会给竞争对手在价格方面带来太多压力——如果本酒店的多个房型降价，竞争对手选择再次降价，会造成本酒店的这次降价失去竞争意义，也会激发商圈的恶意低价竞争；二是我们希望用引流房的销量来拉升酒店排名，因为只要酒店新增一个预订，酒店的排名就会被平台自动向上推送。我们也许无法做到每一个预订都是以中高价房型成交，但是我们以最低引流价格成交的可能性是最大的。即使以引流价格成交，酒店的排名也会被平台向上推送一次。

基于上述考虑，我们就可以对引流房的供应数量在必要时进行销量的限制，确保引流房的价格在提价时机出现之前不要成交太多的间夜量。关于引流房供应数量的控制标准，因为每个酒店的房间数量不同，标准也不一样。以宇儿这家酒店为例，它的房间总数是 79 间，晚上的预订高峰期是从 20 点开始，22 点进入高峰值。所以，从早上 10 点开始，一个小时计划售出 1 个引流房，到晚上 22 点，对引流房提价。这样一来，可将引流房的销售数量控制在 12 间以内。

2. 主力房型价格设定与库存给量标准

主力房价格的设定主要以引流价格为基础，房型之间的价差不要高于 30 元，最好控制在 20 元以内，以此进行排价。比如，酒店的引流价格是 158 元，以大床房为例价格梯队可以设为：158 元—178 元—198 元—218 元—238 元等。这时，双床房的价格怎么设计呢？依然以引流价格为基础，双床房的价格建议定在大床房房型价差之间，比如，大床房最低价是 178 元，而引流价格是 158 元，这中间以 10 元为价差，少了 168 元的价格，所以，双床房主力房型的最低价就设为 168 元，其房型价格梯队可设为：168 元—188 元—208 元—228 元等。

这样设置价格的目的是保证酒店从引流价到最高价之间，每 10 元价差就有一个不同房型的价格。这样的价格网比较密集，不容易被竞争对手钻空子。

举一个例子：某酒店的引流价格是 138 元，大床房的最低价是 158 元，双床房的最低价是 168 元，引流价与双床房最低价之间有 30 元的价差。我们检查了竞争对手双床房的最低价之后，发现周边 35 家竞争对手中有 17 家酒店的双床房的最低价都在 140~160 元。也就是说，本酒店不小心空出的这个价格区间里，有 17 个竞争对手在抢我们的客人。这就是我们的预订进度比较慢、双床房卖得慢的原因。

主力房型库存给量标准：通常情况下，引流房库存给量建议为 15%，主力房型库存给量建议为 65%，高价房库存给量建议为 20%。当然，这个数据只作为参考，酒店应根据自己的房型数量、市场特点等具体情况适当调整，只要把握住一点就好：主力房型库存给量要最大，要用主力房型开发客源市场。

6.2.7　在进度与增速中锁定提价时机

这个环节，我们分两个层面来解说。

1. 预订进度

假设今天是 7 月 5 日，我们发现 7 月 21 日有客人预订了酒店的引流房。那么，预订进度的长度就是 21 减去 5，等于 16 天。

远期产生预订其实在提醒我们，市场已经对 16 天后产生了需求，这里要注意：小心低价房型被预订得太多，同时，因为引流房设置了仅限 2 间，当客人订完 2 间引流房后，如果酒店没有及时补库存，等发现时已经是 16 天后了。那么，在这 16 天里，酒店就错过了大量的市场需求。

2. 预订增速

在发现远期预订后，要关注这个房型是否关房或限量了。如果没有关房，有正常库存，就要关注之后的几天是不是依然有 7 月 21 日的预订，如果预订增多，就有了预订增速，说明对 7 月 21 日的这个房型可以尝试提价了。

6.3 评估旺季收益策略效果的 6 个方法

虽然每个酒店的位置、客源结构、酒店档次等因素不同，在旺季时期收益策略的制定重点也不一样，但是，旺季收益策略做得好不好，需要进行效果评估，这样可以帮助我们发现问题、总结经验，更好地提高旺季收益策略的设定和执行水平。评估与应用旺季收益策略效果的方法如下。

6.3.1 检查目标价格线的准确性

检查目标价格线是否准确，主要考评依据如下。

（1）是否以酒店的平均房价为主要参考线。

（2）引流房价是否以单房收益为参考线进行投价，如果引流价格低于单房收益，那么引流房价成交的间夜量越多，酒店收入增长的可能性就越小。

6.3.2 检查单房收益的提升效果

酒店收益策略是否合适，主要的考评依据是酒店的单房收益是否有提升。如果单房收益没有提升，说明酒店的收益策略有问题，要尽快检查，是因为投价太高导致出租率太低，还是因为投价太低导致低价房被预订太多。

所以，单房收益是否有增长是酒店收益策略是否正确的最直接体现。

6.3.3　检查分级价格与库存给量的执行效果

这个环节主要是为了控制酒店低价成交的房间数量，引导酒店合理利用引流房产生的排名推送作用，增加主力房型的成交量。

在日常操作的过程中，分级价格与库存给量是酒店经常容易出问题的环节。比如，酒店在周末白天时间段关闭了引流房，到了下午 17 点发现还有大量空房，面对销售压力，酒店会打开引流房进行跑量。

这个做法看似不错，但其实这个酒店已经损失了 17 点以前的有效销售时间，当天涨价的可能性更低了。这个问题在宇儿的这家酒店表现得特别明显，这也是宇儿酒店的出租率已经比较稳定但平均房价一直很难提高的原因。

6.3.4　检查产品调整的有效性

通常情况下，酒店的大床房比双床房好卖。但是到了旅游旺季或者会展会议期间，酒店的双床房会比较好卖。

此外，很多酒店为了接待旅行团队，所以双床房的数量设置得比较多，但是旅游团队并不是天天来住的。在旅行团队不入住期间，酒店会有大量的双床房在当天空置。

遇到这种情况，就需要酒店能随时根据市场需求的变化调整大床房和双床房的比例。在会议会展期间，增加双床房数量；会议会展期过后，撤去双床改成大床房。

比如，在旅游旺季及周末，家庭房的需求比较多，但是在周内，家庭房的需求比较少，这就需要酒店根据市场波动的具体情况来临时调整家庭房的数量。

6.3.5　检查营销方向与策略的有效性

在任何时候，酒店的营销方向都应该建立在丰富酒店客源结构、拓展潜在目标市场上，举例如下。

宇儿酒店周末通常都能满房，周二到周四的出租率也较好，周日、周一的出租率则最差。

我们根据客源消费的规律，基本可以判断不同时期酒店的客源消费特点。

比如，商务客人主要的出行周期是周一到周五，住宿需求主要集中在周二到周四。这就是说，酒店在周一到周五期间，主要的营销方向应该锁定在商务客源上。

家庭客人、本地客人、学生情侣客人通常在周末消费，这就提醒酒店在周末要注重对这几类客人的营销。

那么，怎么营销呢？

我们以商务客人为例：迎合商务客人的需求，在周一到周五期间提供免费洗衣、熨衣服务，同时在酒店餐厅区域提供免费下午茶。这些都是商务客人的需求点。那么，具体如何开展营销呢？

（1）在大堂设置水牌：告知客人周一到周五，酒店可提供免费洗衣、熨衣服务，下午 14~18 点，提供免费下午茶。

（2）前台员工在给客人办理入住时，告知每一个客人酒店提供的上述免费服务。

（3）要求 OTA 专员在客人点评的每一项回复中，明确告知客人酒店提供以上免费服务。

6.3.6　检查收益管理 5 要素运用的有效性

收益管理的 5 要素分别是：时间、产品、价格、渠道、客人。

酒店收益策略在设定的过程中，要始终围绕"在合适的时间把合适的产品以合适的价格通过合适的渠道/方式销售给合适的客人"这一原则。

比如，远期预订的客人通常对价格比较敏感，他们会提前在网上查阅酒店，比价格、比位置、比房型质量、比酒店口碑，最后才会预订同等质量但是价格比较低的酒店。所以，要迎合远期客人的预订需求，酒店就要在远期投价时参考竞争对手的定价，把自己的引流价格或者主力房的价格，设置得比竞争对手略低些。

再如，家庭客对价格不是特别敏感，但是对酒店的房间面积、设施设备、安全防护、儿童用品等比较在意，酒店应该以家庭客的上述需求为出发点，优化酒店的产品结构，给客人提供更好的服务，这样才会获得客人的青睐。

又如，情侣客人比较注重私密性。酒店在设置情侣房或者前台给情侣分房间的时候，要注意把相对安静、私密性比较好的房间提供给客人。

换句话说，酒店如果经营状态不好，就一定要从这 5 个角度去分析原因，这样酒店经营的诸多难题也就能迎刃而解了。

| 本章小结 |

◎ （1）制定旺季策略容易出现的 5 个失误：市场预期无参考/盲目乐观；预订进度与增速管控不科学；线上、线下客源占比管控失衡；分级价格与库存给量管控不科学；临时降价减库存产生负面影响。

◎ （2）分析、制定、执行旺季经营策略的 7 个关键节点：平均房价走势分析、销量走势分析、收入走势分析、设定目标控制价格线、设定细分产品价格参考线、设定分级价格与库存给量控制标准、在进度与增速中锁定提价时机。

◎ （3）酒店通过对中低价房进行线上限量销售的方式，想让前台卖出较高的价格，这种做法除了让酒店在曝光量、浏览量、转化率、成交间夜等方面损失小长假后排名的计算权重以外，还会因为当天投价太高，对当天的排名产生负面影响。

◎ （4）酒店临时性降价减库存的做法，会产生如下负面影响：提前预订房间但是还没有入住的客人，取消订单的可能性比较大；提前预订了房间并已经入住的客人，发现酒店该房型现在降价了，客人的消费体验会比较差，认为被酒店"坑"了，客人给差评、到前台投诉的风险会增加；酒店经常出现在当天降价或者在晚上甩房的情况，会让老客、周边客人的预订时间越来越晚，因为大家都知道，酒店订得越晚越便宜。

◎ （5）甩房是临时性策略，不建议作为长期经营手段使用。

◎ （6）分析平均房价走势的意义：分析去年黄金周前后几天的平均房价走势，可以判断黄金周期间客人价格需求的走势。用这个价格走势作为参考来设定新的黄金周价格体系，可以很好地契合今年的黄金周市场的价格需求，为酒店远期预订产生做好前期准备工作。

◎ （7）分析平均房价走势的逻辑：精准把握黄金周期间每一天的平均房价的走势，明确知道哪一天的平均房价最高，哪一天的平均房价最低。

◎ （8）通常情况下，酒店出租率达到 95% 而没有满房的原因大致有两个：一是客人临时取消订单，二是客人预订后没有入住（NO-SHOW）。

◎ （9）收入走势分析的主要目的是看节假日期间每日的实际收入是否达到了预算要求。酒店的收入和单房收益一样，同时受出租率和平均房价的影响。

◎ （10）正常情况下，只要守住单房收益作为酒店价格的底线，酒店的单房收益相比同期下降的可能性就会比较低，除非市场遇到了地震、灾难等不可抗力因素，致使市场需求比去年同期下降很多。

◎ （11）细分产品价格参考线，就是每个房型去年同期实际成交的平均房价。

◎ （12）每个房型的平均房价，代表了市场愿意购买这个房型的平均价格承受力。

◎ （13）价格是由市场供需关系决定的，同时受竞争对手定价的影响。

◎ （14）酒店始终要有一个主张，那就是期待自己的房间更多是以投放价成交，而不是通过低价房型升级成交。如果高价房型只能通过低价房型升级实现销售，那就说明酒店的高价房型在市场上始终没有打造出真正的价格竞争力。

◎ （15）评估旺季收益策略效果的 6 个方法：检查目标价格线的准

确性；检查单房收益的提升效果；检查分级价格与库存给量的执行效果；检查产品调整的有效性；检查营销方向与策略的有效性；检查收益管理 5 要素运用的有效性。

◎ （16）检查目标价格线是不是准确，主要考评依据如下：是否以酒店的平均房价为主要参考线；引流房价是否以单房收益为参考线进行投价，如果引流价格低于单房收益，那么引流房价成交的间夜量越多，酒店收入增长的可能性就越小。

◎ （17）酒店收益策略是否合适，主要的考评依据是酒店的单房收益是否有提升。如果单房收益没有提升，说明酒店的收益策略有问题，要尽快检查，是因为投价太高导致出租率太低，还是因为投价太低导致低价房被预订太多。

第七章

宇儿小姐提升酒店口碑及复购率的工作方法

【本章概述】

从酒店的经营规划角度看，圆满地完成酒店库存与价格策略的设定，可以根据实时竞争态势调整酒店的收益策略，确保酒店能够天天满房，且能让平均房价越来越高，但这些都只是"术"的表现，酒店要想实现长期稳健经营，最重要的是提高"道"的水平。酒店经营管理的"道"，就是酒店生存和发展的生命线——酒店口碑。

本章讲述宇儿小姐从公明收益的一份诊断报告中摸索出提升酒店口碑的方法，不仅快速提高了酒店的口碑影响力，同时让酒店的综合竞争力也得到了明显的提升。

7.1 酒店口碑无法有效提升的 5 个盲点

宇儿酒店的经营状态越来越好，在很多地方应该已经比竞争对手强了，但是，竞争对手目前究竟是什么样的状态，自己和竞争对手相比，在哪些方面处于优势，在哪些方面还处于劣势呢？

这是宇儿最近一直想搞清楚的问题。

只有了解竞争对手，自己才可能变得更强大。

通过对竞争对手的筛选，宇儿的酒店基本跳出了低价竞争的怪圈，主要体现在如下几个方面。

（1）当竞争对手开始坚持不住，把引流价格降至 99 元抢流量时，宇儿坚决不允许酒店降价，反倒让酒店在 100~150 元寻找投放引流价格的时机。

（2）店长经过排查竞争对手的引流价和主力价格之后，发现周边 35 家竞争对手中，引流价在 100 元以下的有 11 家，引流价在 110 元以下的有 17 家，引流价在 120 元以下的有 25 家。而 120~138 元，只有 2 个竞争对手投放了引流价格。于是，宇儿决定把酒店的引流价设为 129 元。

对此店长一直没想明白：为什么竞争对手都在降价，我们酒店反而要涨价？但是，事实证明引流价格提价后，流量效果也不错。虽然不能保证酒店天天满房，但是酒店的收入是稳定的，基本都能达到预算收入的指标。

其实，这个问题很简单。在 35 家竞争对手中，房间数量超过 100 间的有 3 家，80~100 间的有 2 家，60~80 间的有 6 家，而剩下的 24 家竞争对手，房间数量基本都在 30~50 间。

因为这些竞争对手的房间数量很少，所以，根据平台关于排名的计算逻辑分析，竞争对手在美团的成交间夜量、收入没办法和宇儿酒店抗衡。在曝光量方面，宇儿一直使用推广通、资源位兑换、参加营销活动的组合方式，保证酒店有较好的曝光量；在浏览量与转化率方面，宇儿特别重视酒店图片的质量和引流价的使用。

所以，无论从流量获取、价格管理还是间夜量成交、预留房库存给量等方面，宇儿的酒店都有相对的优势。

酒店有了比较靠前的排名，还怕卖不上价格吗？

宇儿根据公明收益同行动态中的实时竞争态势，从 11 个分析指标中寻找有助于酒店提升竞争力的机会，确保酒店始终有比较高的出租率。截至目前，酒店的出租率稳定在 97% 左右，平均房价稳定在 147 元以上。

短短两个月取得这样的成绩，店长非常满意，感觉酒店被救活了，对于酒店下一步的经营开始变得非常有信心，不再说一些泄气的话了。员工的精神面貌也有很大改观，工作热情比之前高了很多。

但是看到这些，宇儿还是开心不起来。因为她想把酒店的平均房价拉到 170 元，目前离她的计划目标还差得很远。

关于能不能再次涨价，宇儿拿不定主意。因为她只是知道酒店的竞争力比以前强了，但是，究竟哪里比竞争对手好、哪里比竞争对手差，她心里并不是很清楚。

这时，店长开心地跑过来，拿着手机让宇儿看："你想要的是不是这个？"

宇儿接过手机，看到了图 7-1 所示的信息。

图 7-1　公明收益——收益助手首页

手机显示界面为公明收益酒店经营诊断的"收益助手"功能首页（打开方式：美团酒店商家后台—公明收益—收益助手）。

如图 7-1 显示，收益助手对酒店目前的经营情况进行了全面的诊断分析，诊断报告情况如下。

（1）本酒店目前的得分为 80 分，等级为白金收益师。

（2）与同行相比，本酒店超过了 100% 的同行。

（3）同行中得分最高的酒店××公寓的得分为76分（该排行并没有计算本酒店）。

（4）近30天酒店核心经营指标的诊断数据如下：

①在曝光获取环节，酒店目前落后于5%的同行，酒店有3项指标是异常的。

②在浏览转化环节，酒店落后于63%的同行，酒店有3项指标是异常的。

③在下单转化（支付转化率）环节，酒店落后于5%的同行，酒店有6项指标是异常的。

（5）收益助手提示酒店急需要解决的前3项问题。

……

宇儿如获至宝似的拿着手机认真把收益助手分析报告阅读完毕，心里的石头总算落了地。

宇儿终于知道自己的酒店哪里比别人好，哪里不如别人了。比如在下单转化率方面，原来宇儿一直以为自己的酒店挺好的，其实还落后于5%的竞争对手。

"我要做第一，谁都拦不住我。"宇儿心里暗暗较劲。

之后的一个星期，宇儿按照收益助手的提示，就酒店的所有问题进行了重点整改。关于如何提升房型竞争力、价格竞争力、曝光量、浏览量及转化率等，前文已经说了很多，这里不再赘述。本章着重讲述宇儿如何通过收益助手的"产品竞争力分析"功能查看相关数据，进而找到提升酒店口碑的方法。

图7-2所示为产品竞争力低于商圈热销诊断结果。

（1）酒店的温馨情侣大床房在价格、取消规则方面的竞争力，低于同行热销的大床房。

（2）酒店温馨情侣大床房目前存在的问题，影响了酒店的浏览转化率和下单（支付）转化率。

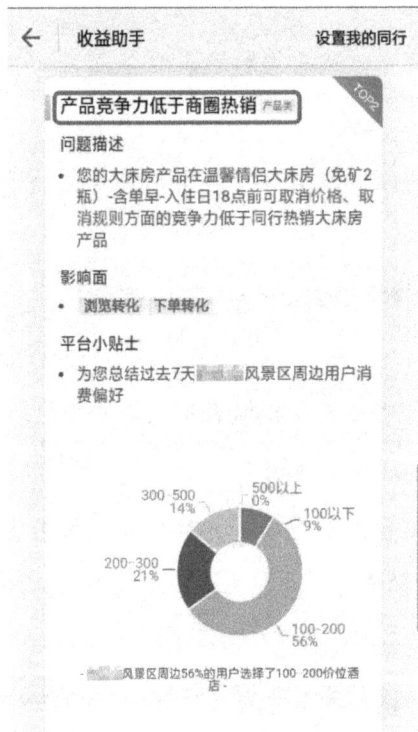

图 7-2　产品竞争力低于商圈热销诊断

看到这里，宇儿觉得问题很简单，通过修改酒店的预订取消规则，同时根据竞争对手的同类房型调整本酒店该房型的价格即可。只要发现了问题，知道如何整改，操作方面就没什么难度了。

但图 7-2 下方的"平台小贴士"引起了宇儿的格外关注。这里的图形为宇儿详细展示了周边及附近商圈的消费偏好，具体如下。

（1）有56%的消费者会选择100~200元价格区间的产品。

（2）有21%的消费者会选择200~300元价格区间的产品。

（3）有14%的消费者会选择300~500元价格区间的产品。

（4）设有消费者会选择500元以上价格区间的产品。

（5）有9%的消费者会选择100元以下价格区间的产品。

宇儿恍然大悟。

宇儿暗暗庆幸，幸亏改了价格策略，不去抢100元以下的引流价格。原来整个商圈100元以下价格的消费客人占比只有9%，所以说，不是价格低，就一定有抢流量的优势。

有35%的客人会选择200~500元价格区间的产品，这说明商圈里面的中高价客源很多，宇儿的酒店在300元以上就没有产品投放了，这不就等于即使有高价客人也抢不到吗？

宇儿继续往下看"小贴士"（见图7-3）。

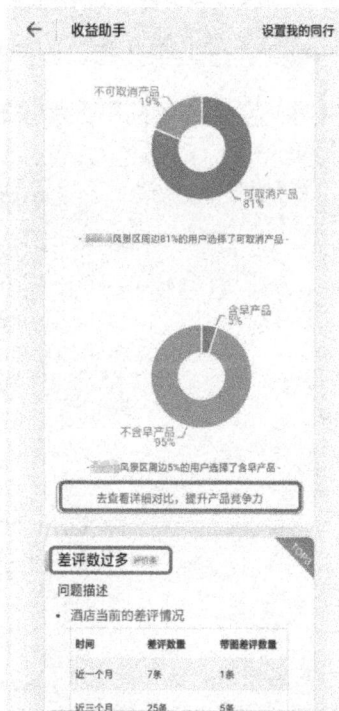

图 7-3　收益助手——平台小贴士图示

（1）有81%的客人会选择预订可以取消的产品。

（2）只有19%的客人会选择不可取消的产品。

看到这里，宇儿马上明白首页提示的"和同行之间差距"这条信息的意义了。宇儿要求店长尽快联系业务经理，把酒店其他房型不可取消的预订政策调整为当天 18 点之前可免费取消。

（3）从"去查看详细对比，提升产品竞争力"入口点击进入后，宇儿认真查阅了每一个竞争对手与自己的房型的竞争力状态，并根据"收益助手"的提示，做出了整改计划。

（4）差评数量过多，近一个月共有 7 条差评，其中带图的差评 1 条；近三个月共有 25 条差评，带图的差评就有 5 条。

看到这里，宇儿想，到底是哪个房型给的差评呢？难道还是情侣大床房吗？宇儿继续向下翻看报告（见图 7-4）。

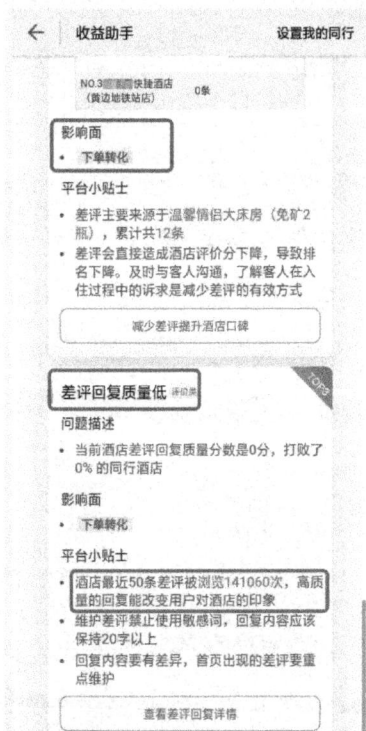

图 7-4 收益助手——差评分析

（1）差评影响面：部分房型的差评会影响酒店在平台的下单（支付）转化率。也就是酒店浏览量可能比较高，但部分客人因为看到了这样的差评从酒店页面流失了。

（2）差评主要来自温馨情侣大床房，共计 12 条差评。由此可见，情侣大床房是酒店差评产生的主要房型，这个房型必须根据客人的不满意见进行针对性的整改，否则酒店的好评就难以有效提升。

（3）差评回复质量分数是 0 分。平台对于差评的回复规则有明确的限定，比如不能使用敏感词，内容应该达到 20 字以上，回复的内容要有差异，不能进行模板式统一回复。酒店虽然对差评进行了回复，但是，因为员工回复差评时主要采取复制其他差评回复内容的方式进行了回复，平台对这些回复质量的考核给出了 0 分。

（4）酒店近期 50 条差评，累计共有 14 多万人次的浏览量。这是多么可怕的浏览数据。

认真阅读收益助手的"分析报告"后，宇儿觉得，其他的问题都好解决，但是点评方面的问题，解决难度比较大。

宇儿的顾虑不是没有道理。酒店被接手之前，已经运营了 9 年，一直没有进行装修、翻新改造，设施设备老化非常严重。而且酒店隔音差、KTV 太吵等问题，整改难度比较大，需要较多的酒店运营费用。而这家酒店目前的单房收益才刚刚提起来，刚刚有了利润，现在让股东再出资整改酒店也不是不可以，但是这样做也会显得自己没什么能力。

这时，一个新的想法出现了：有没有办法，让酒店在没有翻新前，就能把口碑做得更好呢？基于这个想法，宇儿带着店长，和顾问在酒店办公室进行了一次长谈。

顾问听了宇儿的想法，认为即使酒店目前不在硬件方面进行翻新改造，也是可以提升酒店口碑的。顾问对酒店口碑无法有效提升的共性问题，和宇儿等人进行了深入的交流，总结出酒店口碑无法有效提升的 5 个盲点。

7.1.1　预订无回复

在酒店日常经营中，预订无回复是常见现象。有人可能会说："我没有不回复呀，我是自动接单，而且客人是可以收到预订成功的提示的。"

但这只是平台给客人的预订的自动回复，并不是酒店和客人之间有交互的回复。

店长说："我之前给客人回复过，但我给客人打电话，有的客人根本不接电话，有的接了电话，一看手机显示我们的电话号码是外地的，还反问我说是不是想诈骗他……后来，我就不让员工打电话了。"

顾问却说："客人接或者不接，是客人的事情，也许客人当时不方便接电话。但你打不打预订确认的电话，体现的是你的酒店的服务质量。"

店长听了有些不服气，认为顾问这是多此一举，根本不了解实际情况。

顾问提醒宇儿，和客人通话的时候要注意话术，不然客人真会以为是诈骗电话。顾问建议话术如："你好，我是 ×× 酒店美团的预订人员，和您确认一下您刚才预订我们酒店的 ×× 房，请问您大概几点到？您对房间有没有别的要求？"

如果客人说："我可能晚上 8 点到，房间的窗户大吗？通风效果好不好？我想要安静一点的房间。"

酒店可以这样回复："好的，我现在给您预留 7 楼的房间，这间房的窗户比较大，而且楼层较高，相对比较安静。"

顾问强调，酒店之所以要打这个电话，主要是为了和客人有交集，让客人感受到酒店对他的重视，让客人在进店之前，就对本酒店和服务人员有好感。这是博得客人好的第一印象的关键。

7.1.2　到店无准备

很多酒店并没有和客人确认他需要的房间类型，也不知道客人的具体需求，等客人到了前台，查了预订信息，发现客人订的是温馨情侣大床房，然后在 PMS 系统检查房态，发现房态是干净空房后就直接给客人开房了。

工作进行到这一步，前台员工还是不知道客人的具体需求。假设客人进了房间，发现房间挨着电梯或者靠近走廊边，私密性不好，客人的心理安全感会降低，对酒店的不满就增加了，一旦遇见房间卫生不好、有异味，或者隔音不好，很可能会给酒店差评。

假设我们之前打了电话。客人到酒店前台办理入住时，我们接待客人的场景就完全不同了。

假设客人已经到了前台。

"您好，先生，请问您有预订吗？"

"有的。"客人递过来身份证。

"您好，× 先生，我们按照您的要求，给您留了 7 楼比较安静、窗户比较大的房间，请问您还有什么要求吗？"

……

工作进行到这一步，客人感受到了酒店的细心和对他的照顾，愉悦感增加，满意度也会增加。

这时，店长又问顾问："如果我们只剩下一间情侣大床房，而且没有窗户，给客人的承诺兑现不了怎么办？"

顾问继续模仿案例情景，补充说："您好，×先生，我们按照您的要求，给您留了安静有窗户的大床房，可是很抱歉，房间里面的卫生间管道刚才渗水了，暂时不能安排您入住，我给您安排到没有窗户的房间，但是这间房比较安静，我们还特意为您准备了牛奶和果盘，一会儿给您送到房间可以吗？"

客人到店后，如果酒店前台没有针对客人的需求做相应的准备，而且不去主动了解和关心客人的内在需求，就很可能把客人不喜欢的房型分配给客人，客人一旦不满意，就可能对酒店的管理与服务产生负面的看法，给差评的可能性就增加了。这个环节的问题几乎是整个酒店行业的服务缺陷，能做到这一点的酒店很少，但这也就给那些可以做到这一点的酒店提供了留住客人、拓展客源的利好条件。

7.1.3　进房无询问

一般情况下，客人在前台开好了房间，前台告知客人房间号、Wi-Fi密码、如何乘坐电梯抵达房间之后就不会和客人有交集了。等客人进了房间休息一段时间后，可能发现房间存在的某些让自己不满意的问题，这时，客人可能会打电话让前台来协助处理，也可能压根不说，之后直接拍照，给酒店差评。

工作进行到这个阶段，我们应该做的是等客人离开前台之后5~10分钟，打电话到客人的房间，告知客人你是刚才在前台接待他的××服务员，询问客人对房间是否满意，是否还有其他需求。

当酒店做完了这些接待工作，客人对酒店的满意度会提高很多。即使酒店房间存在一点小问题，客人也会有较好的容忍度，给好评的可能性就提高了。

7.1.4　离店无跟踪

在酒店的日常经营中，服务员在客人离店的时候，会跟客人说"祝您一路顺风，欢迎下次光临"。但是说完这些之后，酒店和客人可能就再也没有交集了。

如果酒店在客人离店后 1 天内，给客人发一条信息，祝福客人工作顺利，身体健康。这时，客人对酒店的好感又会增加。也可能因为这条短信，客人会主动给酒店一个好评。

客人在办理入住的时候，酒店可以获知客人的生日信息。酒店应该建立客人的信息档案，提前给客人发送祝福短信。这样可以让客人对酒店加深印象，甚至主动把酒店推荐给自己的同事或者朋友。这样酒店潜在的客源就开拓出来了。

但是对于部分情侣类客人不宜进行电话或短信的回访，避免给客人带来其他不便。在这个环节，酒店应主要针对家庭型、商务型、旅游休闲型的客人进行离店后回访，这些客人会有较好的复购率，也会基于酒店的热情周到服务，对酒店的品牌更加信赖与认可，甚至向自己周边的朋友推荐本酒店，酒店的隐性复购也就因此增加了。

7.1.5　客人档案无画像

一般酒店的 PMS 系统中有客人的信息，整理好这些信息，客人的画像也就基本出来了，图 7-5 所示为 PMS 系统客人消费排名表（该截图来自别样红 PMS 系统）。

图 7-5　PMS 系统客人消费排名表

　　酒店要实现稳健经营，必须对客人的信息进行分类整理，快速实现对客人消费价格承受力、房型偏好程度、消费频次等信息的分析，在酒店下一步的营销方案制定中，这些客人的信息将起到重要参考作用。如果酒店的 PMS 系统不支持客人档案整理与查询功能，那就需要酒店工作人员手工去完成如上信息的统计，工作量会特别大，因而很多酒店的这项工作也会很难坚持下去。为了快速掌握客户档案分类整理与查询的操作流程，可扫描二维码进行了解与学习。

分析图 7-5，得出以下信息。

（1）系统可以识别客人的类型，如会员、非会员等。

（2）从客人的身份证信息识别客人的生日，这是唤醒客人复购的重要营销信息。

（3）获知客人的手机号码，向客人发送祝福信息。

（4）查看客人总入住次数、近半年入住次数、近三个月入住次数、间夜数、平均房价等。

在这些信息中，酒店可以获知客人喜欢什么价格的房型，据此可以明确把握客人的价格承受力，然后根据客人的入住次数分析客人是高频消费类型还是低频消费类型。

酒店根据客人的消费次数、平均房价对客人进行区分，可以得出如下客源归类。

（1）低价高频消费类型。

（2）低价低频消费类型。

（3）高价低频消费类型。

（4）高价高频消费类型。

……

酒店需要重点维护高频消费类型的客人，这些客人可以有效支撑酒店的出租率。在高频消费类型的客人中，那些高价高频消费的客人，就是酒店最应获取的客人。这一类客人体量越大，酒店平均房价提升的可能性就越大。所以，酒店应该注重对高频消费、高频高价消费的客人提供服务需求响应、离店跟踪等服务，让客人加深对酒店的好感，也可以刺激客人向他的朋友或亲人介绍本酒店，激发客人及其朋友资源圈层潜在的复购。

7.2　酒店复购率低引发经营瓶颈的 2 个现象

如果酒店在正常经营中，出租率不稳定，出现时而高、时而低的现象，可推断主要是酒店的产品和服务没有得到新开发客源的认可，客人的复购率较低（不愿意再来入住）引起的。

7.2.1　出租率不稳定（较低）

酒店复购率代表了酒店潜在的市场竞争能力。如果酒店客人的复购率高，就有效支撑酒店的基本出租率。有了这样的出租率做支撑，酒店对外的投价就可以较高一些，去培育新的较高价格的客源，以实现提高酒店平均房价的目的。

很多酒店人特别关注酒店的出租率和价格，却对客源复购率培育方面不是特别重视。比如，有个课程学员的酒店有 59 间房，酒店出租率在 60%~70%，通过第五章讲的策略，酒店的出租率很快能被拉起来，但是过几天后出租率又会降下去，酒店长期只能用较低的引流价格去刺激市场需求，价格总是拉不上去。酒店一直破解不了这个收入无法有效提升的瓶颈。

他的问题就出在客人的复购率比较低。客人复购率低，主要受两个方面影响：一是酒店的产品有缺陷，客人不满意，住一次之后就再也不想住第二次了；二是酒店的服务不好，员工服务意识不强，或者说基本上没有主动服务的意识，酒店房间里也没有任何附加值的产品，客人认为性价比很低。比如客人花钱订了房间，入住后酒店就给客人两瓶矿泉水，酒店的产品和服务跟别的酒店相比没有任何优势，客人复购的愿望能有多强呢？

注意，我们这里强调的是客源的复购率，而不是某一个客人的复购率，如果酒店 30% 的客人都有复购率，那么，酒店的生意肯定差不了。

我们强调提高复购率，是希望中高价的客人有很好的复购率，而不是低价客人。低价客人的复购率越高，那么，酒店涨价的可能性就越小。因为酒店一旦涨价，他们就可能不来了，酒店的经营也会越来越被动。

7.2.2　中高价房型成交率低

酒店复购率低，会影响酒店中高价房型的出租率。

无论你的酒店是什么样的规模和档次，如果把客人按照价格承受能力来划分，所有酒店的客人都可以分为 3 类：第一类是低价客人，只喜欢预订引流房或者其他较低价格的房型，一旦涨价就不来了，这一类客人在客源中往往占比最大；第二类是中价客人，有一定的价格弹性，能够接受酒店较高价的房型，这一类客人的数量通常并不多；第三类是高价客人，每次都预订高价房型，他们对价格并不敏感，这是酒店最想要的客人，遗憾的是，所有的酒店这一类客人的体量都很小。

如果酒店客人的复购率比较低，那么，每天订出最多的房间其实就是较低价房型，中高价房型中大部分的房间数量都是通过升级售出的。所以，中高价房型很难以中高价格成交。

如果客人的复购率比较高，通过这些客人，酒店的出租率经常可以达到 60%，酒店就没有太大的库存压力，在经营中酒店提价的机会就比较多，中高价房型原价销售的可能性也会增加。所以，复购率是酒店能否通过提高平均房价实现提高酒店收入的重要影响因素。

7.3 评估酒店口碑与复购率提升效果的 6 个指标

酒店的口碑与复购率的提升是一项系统、长期的工作，并不是有了好思路和好方案，就一定能把这项工作做好。在日常工作中，酒店要对口碑与复购率的提升效果进行阶段性的总结和评估，只有这样才能及时发现问题并改正不足。

基于这样的考虑，顾问为宇儿酒店的口碑与复购率提升效果评估提供了 6 个考核指标。

7.3.1 老客好评数量

根据平台对酒店评分的计算方法，老客的好评对酒店好评分计算的权重比新客人留言的权重大。如果酒店想要快速提升酒店的好评分，那么就要多注意老客的留言次数和留言质量。

有人认为，新客人的留言权重应该更大一些才是，新客人留言多，说明了酒店吸引力强呀。这样的思考逻辑是站在酒店人自己的立场上，并不是平台的计算逻辑。

试想，如果这家平台是你的，你是不是担心经常去这家酒店的客人被酒店转化成线下客人或会员？这样客人就不会在平台上订房了。对于平台来说，这就是它的客源流失。

所以，平台为了做好老客源的存留，在酒店评分计算原则中，设定了老客留言权重大于新客人的算法。平台的这个计算规则也给了酒店机会，酒店可以利用这些规则尽快提升酒店的好评。

酒店在抓好评分时，一定要注意老客是否有订房，订房是否有留好评。

7.3.2　新客评价观点 / 质量

客人的留言内容体现了酒店产品、服务的综合接待水平，也是酒店综合质量的体现。但是，很多客人即使对酒店的服务很满意，在留言时，要么点 5 颗星星，要么直接选用标签。

这样的好评虽然本质上也是好评，但是在好评分计算的规则中，它的权重很小，没有那些有具体文字描述酒店住宿美好体验的留言的好评分计算权重大。

举例来说，同样是五星好评：A 好评：五星，标签："服务热情""卫生干净""交通方便"，再无其他文字描述。B 好评：五星，无标签。留言内容：前台的小姐姐特别热情，见我有点热，给我递来凉茶，还有房间真心蛮干净的，用这样的价格住这样的房间，性价比真的非常高。

以上两个好评，B 好评的评分计算权重就比 A 好评的要高。

所以，酒店在引导客人给好评时，尽量引导客人多说几句自己住宿的真实体验。

其实，客人之所以好评给五星、描述只用标签，大多数情况是客人觉得酒店还不错，可以给好评，但是真的不知道能说什么好，因为酒店没有给客人创造表扬酒店的机会。

所以，如果酒店在客人预订时有电话沟通确认、在客人进店时有沟通交流、在客人进房间后及时打电话询问客人是否满意，通过这 3 次与客人的有效沟通，酒店的服务会给客人留下良好的印象。有的客人还会因此记住员工的姓名，留言的时候可能还会特别点名表扬员工。

7.3.3　老客评价数量

老客的累积评价数量，也是酒店好评分计算权重占比较大的一个指标。老客多，说明酒店客源流失比较少，客人对酒店产品和综合服务的满意度比较高，酒店的信誉品质比较高，而且酒店切客的情况比较少。

7.3.4　老客评价观点 / 质量

老客的留言观点对酒店的口碑打造很重要。通常情况下，老客会主动给酒店留好评，但留言时又不知道说些什么，要么直接复制别人的好评，要么就给五颗星。而这样的好评，基本可以视为无效好评。

有效的好评一定要有新观点（用文字描述住宿体验）。不管是老客还是新客，酒店要引导客人留言中要尽量多一些文字描述，最好有图片（9张最佳）。这样的好评，好评分的计算权重会更大。

同等质量的好评，老客好评分的计算权重要大于新客。客人的会员等级越高，好评分计算权重也越大。

7.3.5　客人档案完善程度

如前描述，客人对酒店的服务是满意的，但是又不知道说些什么来表扬酒店。遇到这种问题，我们可能会认为：

（1）客人嫌麻烦。

（2）客人文采不行，满肚子蝴蝶飞不出来。

（3）客人就是懒。

……

其实，我们反过来问问自己，对于这些客人，我们对他们又有多少了解呢？

（1）这个客人一年能来几次？

（2）这个客人上次来住是什么时候？

（3）这个客人喜欢什么样的房间？

（4）这个客人的生日是哪天？

（5）这个客人的全名是什么？

……

我们对客人越了解，就越容易找到和客人沟通的话题。

和客人沟通，才是酒店维护客源、获取好评的最佳方法。所以，酒店要尽快建立和完善客人的档案，对客人的消费特点进行记录。其实，客人的相关信息在酒店管理系统中都有留存，我们要做的就是把这些信息用好，让所有的信息都能为酒店提高收益、提高好评率服务。

7.3.6　复购唤醒次数

复购唤醒，指酒店通过对客人档案的整理，将近期消费次数减少，或较长时间不来消费的老客挑选出来，安排员工在合适的时机向这些客人发送祝福信息，告知他们酒店最新的优惠活动，唤醒他们对酒店的关注，刺激他们再来消费的欲望。

比如，某个客人已经三个月不来酒店订房了，以前他一个月至少有两次订房。酒店通过和客人电话沟通、发祝福信息、发送客人喜欢的房型的优惠信息等方式，引导客人再次来订房。这就是一次复购唤醒。

复购唤醒的次数越多，说明酒店的客源流失越少，酒店的经营就会更加稳健。

| 本章小结 |

◎ （1）酒店口碑无法有效提升的 5 个盲点：预订无回复、到店无准备、进房无询问、离店无跟踪、客人档案无画像。

◎ （2）客户画像类型：根据客人的消费次数、平均房价对客人进行区分，可以得出如下客源归类：低价高频消费类型；低价低频消费类型；高价低频消费类型；高价高频消费类型。

◎ （3）酒店需要重点维护高频消费类型的客人，这些客人可以有效支撑酒店的出租率。在高频消费类型的客人中，那些高价高频消费的客人，就是酒店最应获取的客人。这一类客人体量越大，酒店平均房价提升的可能性就越大。

◎ （4）酒店复购率低引发经营瓶颈的 2 个现象：出租率不稳定（较低）、中高价房型成交率低。

◎ （5）酒店复购率代表酒店潜在的市场竞争能力。如果酒店客人的复购率高，就能有效支撑酒店的基本出租率。有了这样的出租率做支撑，酒店对外的投价就可以较高一些，去培育新的较高价格的客源，以实现提高酒店平均房价的目的。

◎ （6）客人复购率低，主要受两个方面影响：一是酒店的产品有缺陷，客人不满意，住一次之后，就再也不想住第二次了；二是酒店的服务不好，员工服务意识不强，或者说基本上没有主动服务的意识，酒店房间里也没有任何附加值的产品，客人认为性价比不高。

◎ （7）我们强调提高复购率，是希望中高价的客人有很好的复购率，而不是低价客人。低价客人的复购率越高，酒店涨价的可能性就越小。因为酒店一旦涨价，他们就可能不来了。

◎ （8）评估酒店口碑与复购率提升效果的6个指标: 老客好评数量；新客评价观点 / 质量；老客评价数量；老客评价观点 / 质量；客人档案完善程度；复购唤醒次数。

◎ （9）根据平台对酒店评分的计算方法，老客的好评对酒店好评分计算的权重比新客人留言的权重大。

◎ （10）客人的留言内容（观点）体现了酒店产品、服务的综合接待水平，也是酒店综合质量的体现。

◎ （11）如果酒店在客人预订时有电话沟通确认，在客人进店时有沟通交流，在客人进房间后及时打电话询问客人是否满意，通过这3次与客人的有效沟通，客人会对酒店的服务留下良好的印象，给差评的概率会大大降低。

◎ （12）老客的累积评价数量，也是酒店好评分计算权重占比较大的一个指标。

◎ （13）不管是老客还是新客，留言中要尽量多一些文字描述，最好有图片（9张最佳）。这样的好评，好评分的计算权重会更大。

◎ （14）复购唤醒，指酒店通过对客人档案的整理，将近期消费次数减少，或较长时间不来消费的老客挑选出来，安排员工在合适的时机向这些客人发送祝福信息，告知他们酒店最新的优惠活动，唤醒他们对酒店的关注，刺激他们再来消费的欲望。

◎ （15）复购唤醒的次数越多，说明酒店的客源流失越少，酒店的经营就会更加稳健。

第八章

连锁酒店收益管理的经营分析需求与解决方案

【本章概述】

连锁酒店集团公司层面的收益管理工作与单体酒店的实操方法并无本质的区别，主要是要找到集团层面在收入增长方面存在的问题，通过系统的分析、策略制定、工作流程规范等一系列方法，解决存在的问题（解决收入较低的门店存在的问题），实现收入的增长。

集团层面的收益管理工作立足于集团层面，对收益管理工作规范、流程、组织程序进行系统的设定，同时需要根据各个门店客源结构、商圈客源特点等不同因素指导相关门店开展具体的收益管理工作。

本章讲述字儿在开展集团层面收益管理工作中，如何规范经营分析报表使用方式、酒店经营分析报告制定的步骤，并对集团酒店收益策略效果评估的指标进行了详细的阐述。

8.1　连锁酒店经营分析报表的 4 种需求

由于受国内某著名连锁酒店邀请，针对当地及临近省、市 120 家直营店与加盟店进行了交流指导，因此宇儿对集团管控层面的收益管理战略部署有了更深的了解。

宇儿意识到，集团层面收益管理数据分析、价格体系设定、全面收益策略的设计是基于集团视角的经营效果评估与政策优化的系统性工作，要综合提升集团层面的收益，就应该和单体酒店的收益管控方式一样，首先要找到收益无法提升的重灾区。从这个角度切入后，宇儿有了惊喜的发现。

通过近几个月的学习和实践，宇儿渐渐明白一个道理：要想经营好酒店，必须掌握一个窍门：在 PMS 中找出经营存在的隐性问题，在 RMS 中找到解决的办法。所以，宇儿在接受连锁集团的邀请后，提出的第一个要求就是要系统浏览集团层面的数据报表，她想先通过 PMS 中的数据找到连锁酒店集团层面经营存在的隐性问题。结果，宇儿在 PMS 系统中查找到了图 8-1 所示的经营分析报表（来源于别样红 PMS 系统）。

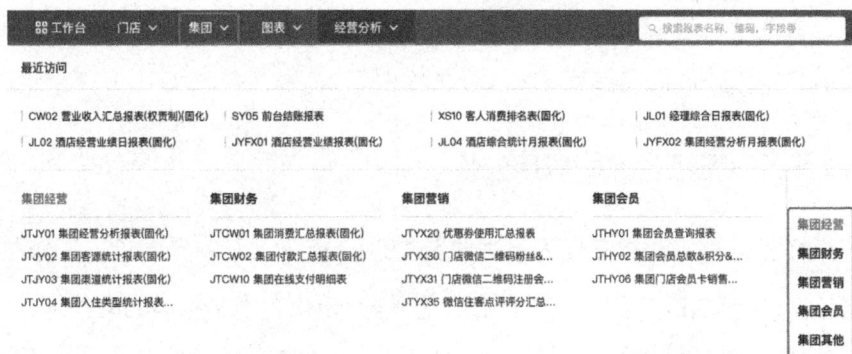

图 8-1 酒店 PMS 系统集团层面经营分析报表模块

　　酒店集团层面的报表类型有很多，其功能非常强大，查询这些报表的数据并进行有效分析，可以大大缩短酒店经营分析与决策的时间，提高酒店人员的工作效率。为了更好地掌握 PMS 系统中集团报表查询的方法，可以扫描二维码学习具体操作流程。

　　如图 8-1 所示，在集团经营管理分析层面，酒店管理系统提供了如下分析功能：集团经营、集团财务、集团营销、集团会员、集团其他 5 个模块的功能。这些功能的数据里面，隐藏着酒店经营与管理的所有利好因素与存在的问题。只要我们对以上数据进行系统的归类分析，就能找到提升经营管理水平的思路。

接下来，我们了解一下宇儿作为集团层面的收益"操盘手"，对连锁酒店经营分析报表都有哪些实操方面的需求。

8.1.1　集团经营数据应用分析

集团层面的收益管理人员做收益管理分析及策略制定的具体工作思路，与单体酒店的工作方法虽然有一些差异，但也有很多相通相融的地方。比如，其两个基本原则如下。

（1）找出影响收入增长的重灾区：看看哪些门店影响了集团层面的收入增长，拉低了集团层面整体的收益水平。

（2）找出影响收入增长的福利区：看看哪些门店助力了集团层面收入的增长，支撑并拉高了集团层面整体的收益水平。

然后从这两个基本原则出发，去审阅集团经营层面的4个报表，具体如下：

1. 集团经营分析报表

查看这一环节的数据，具体方法如下。

（1）对各个门店的如下数据进行对比：各酒店的房间数量、出租率、平均房价、单房收益、过夜房数量、过夜房出租率、时租房数量、时租房出租率、房费收入、小商品收入、会员卡收入、餐饮收入、客房收入、其他收入、门店收入等。

（2）对相关数据的分析遵循相应原则。

①出租率。出租率是酒店市场竞争能力的表现，出租率越高，说明酒店的市场占有、市场渗透能力越强。但是，这并不能说明酒店的综合能力就一定好。出租率高的门店能有效支撑集团层面的平均出租率，出

租率低的门店则会拉低集团层面的平均出租率。

我们通过对这项数据的排查，选出出租率比较低的几个门店，给这些门店的收益策略的核心指标就是在最短的时间内快速提高出租率。只要这些门店的出租率能获得快速提升，集团层面的出租率也就相应得到提升，集团层面单房收益增长的可能性就比较大。关于门店如何快速提高出租率，前文已做详细描述，这里不再赘述。

②平均房价。平均房价高，说明酒店的中高价客源市场开发培育得比较好；平均房价低，说明酒店的中高价客源市场开发培育存在一定缺陷。这个环节也要根据门店所处的城市或商圈综合消费能力来确定。我们通过对这项数据的排查，选出出租率比较高但平均房价相对低的门店，给这些门店的收益策略的核心指标就是在最短的时间内快速提高酒店的平均房价。要在最快的时间内实现这一点，又不想让酒店因为提升平均房价而出现出租率的明显波动，最好的办法就是做好酒店预订进度的有效管控，避免酒店在周末或者需求比较高的时期过早满房。

③单房收益。单房收益代表门店每间房的收入贡献。因为每个门店的房间数、出租率、价格水平不尽相同，所以单房收益也会有相应的差异。审阅这个层面的数据，应主要从集团层面单房收益的平均水平出发，筛选出门店单房收益低于集团单房收益平均水平的门店，这些门店就是拉低集团层面单房收益水平的"重灾区"门店。

我们通过对这项数据的排查，选出拉低集团层面单房收益水平的门店，给这些门店的收益策略的核心指标是利用好平均房价和出租率的平衡关系，尽快提升酒店的单房收益。比如平均房价稍高但出租率比较低的门店，可以使用控制平均房价增长的方式，加大中低价房的库存供应量，快速提高出租率；出租率高但平均房价低的门店，则应尽快通过对预订进度的管控，有效提高酒店的平均房价。

④过夜房数据。过夜房是门店客房收入的主要来源。这个环节的主要分析方法是以集团层面过夜房出租率的均值为参考标准，选出过夜房出租率低于集团层面平均水平的门店，给这些门店的收益策略的核心指标是狠抓主体客源结构的开发，比如商务、家庭、情侣、休闲类客源，实现门店过夜房数量的稳定增长。

⑤时租房数据。时租房是酒店收入提升的助力因素。酒店所处的商圈不同，时租房需求也不同。比如，商务区商圈的酒店钟点房、午休房等房型的市场需求度比较高，时租房的数据比较好；处于景区一类的酒店，时租房的需求相对比较弱。所以，根据这项数据进行收益策略的设定，要以酒店客源属性为参考，不可盲目设定指标，否则会影响收益策略执行效果的考评。

⑥费用收入环节。因门店所处的商圈性质不同，各收入板块的收入水平也会有一定的差异。这个环节设置收益策略时，主要以各门店历史同期、近期数据为参考标准，应把握的原则是：同比看增减，环比看趋势。评估出增减趋势后，确定收益策略的增长目标、管控方法。

2. 集团客源统计报表

该环节的数据主要用于分析各门店的自来散客、OTA 客人、协议单位、会员的客源结构的出租率、间夜量、平均房价、房费收入等指标。评估该类指标的方法是以门店历史同期及近期的指标为参考标准，评估原则是：同比看增减、环比看趋势。评估出增减趋势后，确定收益策略的增长目标、管控方法。

3. 集团渠道统计报表

该环节的数据主要用于分析各门店客源获取渠道的情况，比如门店自营、门店官网、美团等渠道的销售间夜量、出租率、平均房价、收入等。评估该类指标的方法是：以门店历史同期及近期的指标为参考标准。评估原则是：同比看增减、环比看趋势。评估出增减趋势后，确定收益策略的增长目标、管控方法。

4. 集团入住类型统计报表

该环节的数据主要用于分析各门店的免费房、时租房、收费房、自用房的数量、平均房价、出租率、收入等。评估该类指标的方法是以门店历史同期及近期的指标为参考标准，评估原则是：同比看增减、环比看趋势。评估出增减趋势后，确定收益策略的增长目标、管控方法。

8.1.2 集团财务收入分类分析

该环节的报表主要有集团消费汇总报表、集团付款汇总报表、集团在线支付明细表。评估该类指标的方法是，以门店历史同期及近期的指标为参考标准，评估原则是：同比看增减、环比看趋势。评估出增减趋势后，确定收益策略的增长目标、管控方法。

8.1.3 集团营销策略分析

该环节的报表主要有优惠券使用汇总表、门店微信二维码粉丝与会员汇总表、门店微信二维码注册会员统计表、微信住客点评评分汇总表等。评估该类指标的方法是，以门店历史同期及近期的指标为参考标准，评估原则是：同比看增减、环比看趋势。评估出增减趋势后，确定收益策略的增长目标、管控方法。

8.1.4 集团会员管理分析

该环节的报表主要有：集团会员查询报表，集团会员总数、积分、储值余额统计报表，集团门店会员卡销售汇总报表。评估该类指标的方法是，以门店历史同期及近期的指标为参考标准，评估原则是：同比看增减、环比看趋势。评估出增减趋势后，确定收益策略的增长目标、管控方法。

8.2 评估单体／连锁酒店经营分析与收益策略效果的 8 个关键指标

单体／连锁酒店的经营分析与收益策略执行效果，依赖于经营分析、收益策略制定、策略执行、效果反馈、策略修正等诸多执行环节，但是，处于集团层面的收益管理从业人员，并没有足够的精力下沉到每一个门店去做收益策略执行情况的监控工作，那么，集团的收益管理从业人员要对各门店的收益管理策略执行情况进行具体的监督与指导，就必须注重以下 8 个关键指标的评估与考核。

8.2.1 出租率增幅指标

出租率增幅指标，主要用于衡量酒店出租率增长的效果是否达到预期。

酒店经营分析与收益策略效果评估的第一个重要指标是出租率增幅指标，酒店出租率有增长，说明酒店的市场占有率在增长，也说明酒店的竞争力增强了；反之，出租率下降，则说明酒店的竞争力在下降。

8.2.2　平均房价增幅指标

平均房价增幅指标，主要用于衡量酒店中高价客源体量的增加效果是否达到预期。如果平均房价增幅较小或者是负值，说明集团公司的客源消费水平在下降，也间接说明酒店的品牌价值没有增长，集团的管理和运营水平没有提升。

8.2.3　单房收益增幅指标

单房收益增幅指标，主要用于衡量酒店的收益策略对收入增长产生的效果是否达到预期。如果单房收益的增幅指标按照策略制定的标准在稳步增长，说明集团层面的单房收益增长得到了保障。如果主要门店的单房收益指标在下降或者有下降的趋势，收益管理从业人员就必须对该门店的价格策略进行重新研究与修正，否则，集团层面单房收益的增长将难以实现。

8.2.4　细分市场产出贡献增幅指标

细分市场产出贡献增幅指标，主要用于衡量细分市场的收入贡献。关注细分市场产出贡献，主要是从集团公司的客源培育战略层面展开的。比如集团公司的年度规划目标是商务客源间夜占比要实现同比增长30%，然而部分门店虽然出租率、平均房价、单房收益增幅都很大，但是增量的细分市场主要是情侣、休闲、家庭类的客人，商务客源增量的占比只达到了 5%，这样就会严重影响集团层面客源培育的战略目标，也会影响集团层面年度出租率的增长。集团层面的收益管理从业人员就必须对该门店的客源拓展策略进行细致研究，对产品竞争力打造、商务客源营销方式与价格体系设定、新客源开发、老客源维护等方面的策略都要进行有效的调整。

8.2.5　会员新增数量指标

会员新增数量指标，主要用于衡量酒店会员的新客源数量是否达到预期。这一指标是集团公司会员客户群发展的重要考核指标，也代表了集团公司在新客源获取方面的能力。这些数据会影响到集团公司的估值。

8.2.6　会员复购率增幅指标

会员复购率增幅指标，主要用于衡量酒店当前的营销策略能否让会员客人多次购买。这一指标反映了酒店对老客源的留存能力，也间接反映了集团公司的服务品质与客户忠诚度。这些数据也会影响到集团公司的估值。

8.2.7　竞争优劣势评估指标

酒店竞争优劣势评估指标，主要用于衡量酒店当前的竞争策略对于提升酒店综合竞争力的效果是否达到预期。集团公司竞争优劣势的主要参考指标有出租率提升效果（市场占有率）、新会员增幅、会员复购率、单房收益等重要经营指标。如果上述数据都在增长的话，说明集团公司在市场竞争中处于相对优势；如果出租率在下降，说明集团公司的市场占有率在下降，如果平均房价在下降，说明集团公司的客源消费能力在下降，也间接反映了集团酒店品牌在消费者心目中的价值在下降。

8.2.8　市场预测与控制达成率指标

市场预测与控制指标，主要用于衡量酒店的综合收益管理策略的市场机会与风险预测及上述各项指标是否达到预期。市场预测的情况是否能够有效实现，一方面依靠预测的准确性，另一方面依靠各门店的执行效果。如果预测达成率较高，说明集团公司的整体收益管理操盘能力很强大，管理水平一流。

8.3　撰写单体连锁酒店经营分析报告的 9 个步骤

酒店经营分析报告是酒店系统完成经营诊断分析、进一步经营策略设定、执行与监督方法的综合类汇报文案，其制定过程相对复杂，具体包含以下九个方面。

8.3.1　出租率同期对比

出租率反映了一个酒店市场覆盖、市场占有、市场渗透的基本竞争能力。酒店在正常经营中，应始终把酒店出租率与同期比较增长作为主要考评依据。

酒店出租率越高，市场竞争的抗风险能力就越强。所以，这个指标是酒店分析报告中的第一个重要指标。

在分析酒店出租率的时候，要把握两个原则。

（1）分析酒店新客与老客的出租率占比，主要以新客与老客的占比是否增长为主要分析原则。新客占比在增长，说明酒店的客源拉新工作做得比较好；老客占比在增长，说明酒店的客源维护、老客留存工作做得比较好，客人的忠诚度比较高。那么，新客与老客在具体门店中，究竟哪个占比大一些好呢？

这个问题要根据酒店的实际情况进行分析。如果酒店的新客占比比较大，老客占比比较小，说明老客流失问题比较严重，所以，酒店的收益策略重点要指向提升老客忠诚度方面；如果酒店的老客占比比较大，则说明酒店的客源拉新不足，老客占比越大，酒店提升平均房价的可能性就越低，反过来也会限制酒店收入的增长。所以，关于新老客人占比的问题要辩证地去看，要找到利好的因素，也要看到风险。

（2）做酒店出租率同比分析时，也要检查同比的平均房价趋势。如果酒店今年的平均房价比去年高，但是出租率比去年低，那就说明酒店是通过提价的方式在优化客源结构，想获取更多中高价新客源。

然而，这么分析并不能说明酒店的整体收益是向利好表现。所以，我们要的平衡是：酒店的平均房价提高，出租率可以有5%上下的波动。一旦出租率波动比较大，则说明新价格体系的设置有问题，影响了酒店客源的拉新。

反过来说，如果酒店今年的平均房价比去年低，但是出租率比去年高，说明酒店主要是通过控制平均房价的方式来提高市场占有率的。

然而，这样分析也不能完全说明酒店的整体收益是向利好表现。所以，我们也需要平衡：酒店的出租率可以提高，平均房价也可以有3%~10%

的波动。一旦平均房价波动比较大，酒店的客源流失问题就会突出；如果酒店价格向下浮动比较大，说明酒店将培育出一批较低价客源，而这些客源在后期的经营中，会因为酒店提价而流失一部分。所以，针对这种情况的收益策略是：可以使用引流价限量销售的方式，更多促使主力房型以中低价成交，同时对主力房型的中低价客人建立消费档案，以客人的消费频率、平均房价为主要参考目标，对客人进行有针对性的维护。

8.3.2　平均房价同期对比

平均房价反映了客人在市场中的价格承受力，也是酒店品牌定位高低的直接体现。酒店在正常经营中，应该注意把酒店的平均房价与同期比较增长作为主要考评依据。

酒店的平均房价越高，说明酒店获取中高价客源的能力越强。

在分析酒店的平均房价时，要把握如下五个原则。

（1）酒店的平均房价受城市/商圈综合消费水平的影响，也受周边同类酒店的价格政策的影响。

（2）酒店的平均房价反映了酒店当前培育的客源在购买酒店产品时愿意支付价格的平均水平。

（3）平均房价可以作为制定酒店价格策略的参考线。

（4）如果酒店的平均房价比较高但出租率比较低，酒店在设计价格策略时，应以提高出租率为主要考虑因素，酒店引流房的价格及主力房的价格应考虑放在平均房价以下，以完成远期投价。酒店当天的价格变动幅度应以酒店当前的实际库存为主要参考指标，库存量较大时，不宜提价，应继续跑量；库存量较少时，要根据酒店当天的有效销售时间来确定是否提价与提价多少。比如，有效销售时间较长时，可以通过多次小幅提价的方式，在最后一个预订高峰期实现满房；如果酒店的有效销售时间比较短，提价就要慎重，因为可能会出现提价后不能满房的现象。

（5）根据平均房价的同比增减情况，也可以看出酒店在当前竞争秩序中处于强优势地位还是被动劣势地位。比如，酒店的平均房价在减少的同时，出租率也在下降，说明当前市场竞争秩序中，有新开的酒店在抢夺客源，那么，本酒店的平均房价管控就应该考虑先降低平均房价，实现快速稳住客源，提高市场占有率的目的。如果同比的平均房价在增长，出租率也在增长，说明所处商圈的流量吸引能力在增强，酒店的口碑竞争力也在增强，那么，酒店对于平均房价的管控应建立在出租率相对稳定或有提升的基础上，实现平均房价的增长。

8.3.3　房租收入同期对比

房租收入的同期对比，要建立在以下两个指标的基础上。

1. 房租预算收入与实际收入对比

该环节的对比主要以酒店完成年度经营预算为目标，对比当前完成情况与预算的差额，将差额增减到未来经营月份，重新调整酒店未来月份的收入预算。

举例说明：假设某酒店的年度客房收入预算为1 300万元，1~6月份的预算收入为600万元，7~12月份的预算为700万元。1~6月份实际完成了480万元，较预算收入少完成了120万元。

看到如上数据后，我们要把预算未完成的120万元，加入原7~12月份的 700 万预算中，这样一来，酒店 7~12 月份的预算收入就变成了 820 万元。

以 820 万元为新预算指标，分解到 7~12 月每个月的预算中。基于各个月度的收入预算有了新增，酒店的出租率、平均房价、单房收益的预算都要做调整。

当所有的数据指标发生变化之后，酒店的收益策略也要相应作出调整。

2. 房租实际收入与同期比较

房租实际收入与同期比较，主要以去年同期各个月份的实际收入为参考标准来确定今年各个月份的房租收入。

举例说明：去年 10 月份，酒店的房租收入为 160 万元，酒店今年的房租预算收入较去年增长 10%，那么，今年 10 月份的房租收入预算应在去年 160 万元的基础上增长 10%，即酒店今年 10 月份的预算收入为 176 万元。

然而，这个数据目前已经不适用了。因为酒店在 1~6 月份的房租收入较预算少了 120 万元，这 120 万元要分摊到 7~12 月各月。所以，10 月份也要承担这新增的 120 万元房租预算的部分。

那么，10 月份的预算应该增加多少比较合适呢？

在酒店的预算方法中，10 月份的收入是年度最高的。我们这样计算比较清楚：酒店今年原预算收入为 1 300 万元，10 月份的原预算收入为 176 万元，先求出 10 月份原预算收入在酒店年度预算收入中的占比，计算方式如下：

10 月份原预算收入 / 酒店原年度预算收入 ×100%=1 760 000/13 000 000 × 100%=13.54%。

然后，求出 13.54% 的占比在新增的 120 万元预算中的实际数据。方法如下：

新增预算总收入 ×13.54%=1 200 000×13.54%=162 480 元。

那么，10 月份新的预算指标 = 原 10 月份预算收入 + 新增预算总收入 =1 760 000+162 480=1 922 480 元。

即：10 月份预算指标调整为 1 922 480 元。

8.3.4　单房收益同期对比

单房收益是酒店盈利能力的直接体现。酒店单房收益同比提升，说明酒店在收益策略设计与执行方面有比较出色的表现。

但是，从酒店发展规划的角度分析，单房收益的增长有时候对酒店的长远发展未必是良性的。这个问题需要辩证地看。

我们知道，酒店单房收益与出租率和平均房价有关。常用的计算方式是：平均房价 × 出租率 = 单房收益。

我们对比一组数据，来评估单房收益对酒店的经营发展是利好的还是有风险的。

（1）假设宇儿酒店 4 月份的出租率为 80%，平均房价为 178 元，其单房收益为 142.4 元。

（2）假设宇儿酒店 5 月份的出租率为 70%，平均房价为 218 元，其单房收益为 152.6 元。

从以上数据可以看出，酒店 5 月份的单房收益 152.6 元，较 4 月份的单房收益 142.4 元增长了 10.2 元。单房收益在增长，说明酒店平均每间可售房的收入贡献在增长。这是利好的表现。

但是，我们从出租率和平均房价的走势再来进行分析。

（1）酒店 5 月份的平均房价 218 元，较 4 月份的平均房价 178 元增长了 40 元。平均房价在增长，说明酒店的高价客源在增多，这也是利好的。

（2）酒店 5 月份出租率为 70%，较 4 月份出租率 80% 降低了 10%。出租率在降低，说明酒店的市场占有率在降低，酒店的市场竞争活力在减弱，老客（对价格敏感的客人）在流失。这样一来，潜在的风险是，假设 6 月份酒店对新客源开发不够，出租率依然会向下走，酒店的市场占有率会有继续下降的风险。

那么，是不是平均房价就不能升高了呢？当然不是，收益管理主张酒店的策略要能够实现高价客源越来越多。我们要从数据中看到未来经营的风险，从而找到规避这些风险的方法，这才是比较合格的收益策略。

所以，出现以上现象后，酒店要加大在 OTA 平台的曝光量，提升浏览量和转化率，实现更多新客源的接触与成交。只有这样，才能规避涨价后较低价客源流失的风险。

8.3.5　客房其他收入同期对比

客房其他收入包含的因素比较多，比如客人赔偿、房间附加值、产品销售收入等。

酒店对于房间客人赔偿及小商品收入的追求，是比较传统的经营手段，在当前的市场环境中已经不是很适用了。如果酒店的客人赔偿收入比较多，或者房间小商品的收入比较多，从侧面可推断出客人的消费体验并不美好，会导致客人复购率降低。

酒店行业现在流行的做法是免押金入住、免查房、房间免费增加多种小食品、饮品，以此提升房型的性价比，提高客人的消费体验美好度。

对比一下就可以看出，客人更喜欢性价比高的酒店。

8.3.6　细分市场产出贡献同期对比

细分市场的产出贡献，主要指各细分市场的收入贡献。目前，中小酒店客源市场的细分比较简单，主要以客源结构进行划分，比如自来散客、协议单位、会员、旅行社、OTA 等。

而传统的细分市场划分则更加细致，比如协议单位又会细分为商务公司协议单位、院校协议单位、医院协议单位、保险公司等。

做细分市场的收入贡献同比分析，主要是看哪一个细分市场的收入有增长，哪一个细分市场的收入在减少。不管是增长还是减少，我们都要找到增长和减少的具体原因。对于收入减少的细分市场，要考虑如何设计收益策略，能让这类细分市场的收入不减少或者增加。对于收入增长的细分市场，则要考虑如何设计收益策略，能让这类细分市场保持目前的增长，甚至有更高的增长。

8.3.7　价格走势环比分析

如前所述，经营数据分析要把握的原则是：同比看增减，环比看趋势。

酒店价格走势环比分析，指的是对这个月的平均房价与上个月的平均房价作比较。环比的价格走势，代表酒店当前培养出的客源结构的平均购买能力。换句话说，酒店现在的平均房价，就是酒店目前培养的客人在预订房间时愿意支付的平均价格水平。如果环比平均房价走高，说明高价客源体量在增多；反之，则说明高价客源体量在减少。

8.3.8　房型出租率走势环比分析

房型出租率走势环比分析，也是就本月对比上月而言的。如果出租率环比走高，说明酒店的市场占有率在增长，酒店的市场竞争力在增强；反之，则说明酒店的市场竞争力在下降。

8.3.9　市场预测与控制的关键要素

市场预测与控制的关键要素在于对出租率、平均房价、单房收益、细分市场、房型价值产出同比与环比的走势分析。应把握的原则是：同比看增减，环比看趋势。

｜ 本章小结 ｜

◎ （1）找出收入增长的"重灾区"：看看哪些门店影响了集团层面的收入增长，拉低了集团层面整体的收益水平。

◎ （2）找出收入增长的"福利区"：看看哪些门店助力了集团层面的收入增长，支撑并拉高了集团层面整体的收益水平。

◎ （3）单房收益代表门店每间房的收入贡献。因为每个门店的房间数、出租率、价格水平不尽相同，所以单房收益也会有相应的差异。审阅这个层面的数据，主要从集团层面单房收益的平均水平出发，筛选出门店单房收益低于集团单房收益平均水平的门店，这些门店就是拉低集团层面单房收益水平的"重灾区"门店。

◎ （4）选出出租率比较高但平均房价相对较低的门店，给这些门

店的收益策略的核心指标是在最短的时间内快速提高酒店的平均
房价。

◎ （5）给拉低集团层面单房收益的门店的收益策略的核心指标是
利用好平均房价和出租率的平衡关系，尽快提升酒店的单房收益。

◎ （6）平均房价稍高但出租率比较低的门店，可以使用控制平均
房价增长的方式，加大中低价房的库存供应量，快速提高出租率。
出租率高但平均房价较低的门店，则应尽快通过对预订进度的管
控，有效提高酒店的平均房价。

◎ （7）过夜房是门店客房收入的主要支撑。这个环节的主要分析
方法是以集团层面过夜房出租率的均值为参考标准，选出过夜房
出租率低于集团层面平均水平的门店。给这些门店的收益策略的
核心指标是狠抓主体客源结构的开发，比如商务、家庭、情侣、
休闲四大类客源，实现门店过夜房数量的稳定增长。

◎ （8）费用收入环节：这个环节设置收益策略时，主要以各门店
历史同期、近期数据为参考标准，应把握的原则是：同比看增减，
环比看趋势。评估出增减趋势后，确定收益策略的增长目标、管
控方法。

◎ （9）集团客源统计报表：该环节的数据主要用于分析各门店的
自来散客、OTA 客人、协议单位、会员等客源结构的出租率、
间夜量、平均房价、房费收入等指标。评估该类指标的方法是以
门店历史同期及近期的指标为参考标准，评估原则是：同比看增
减，环比看趋势。评估出增减趋势后，确定收益策略的增长目标、
管控方法。

◎ （10）评估单体／连锁酒店经营分析与收益策略效果的 8 个关键
指标：出租率增幅指标、平均房价增幅指标、单房收益增幅指标、
细分市场产出贡献增幅指标、会员新增数量指标、会员复购率增
幅指标、竞争优劣势评估指标、市场预测与控制达成率指标。

◎ （11）单体连锁酒店经营分析报告制定的 9 个步骤：出租率同期
对比、平均房价同期对比、房租收入同期对比、单房收益同期对
比、客房其他收入同期对比、 细分市场产出贡献同期对比、价
格走势环比分析、 房型出租率走势环比分析、市场预测与控制
的关键要素。

◎ （12）分析酒店新客与老客的出租率占比，主要以新客与老客占
比是否增长为主要分析原则。

◎ （13）新客占比在增长，说明酒店的客源拉新工作做得比较好；
老客占比在增长，说明酒店的客源维护、老客留存工作做得比较
好，客人的忠诚度比较高。

◎ （14）平均房价反映了酒店在市场中的价格承受力，也是酒店品
牌定位高低的直接体现。酒店的平均房价越高，说明酒店获取中
高价客源的能力就越强。

◎ （15）在分析酒店的平均房价时，要把握如下四个原则。
①酒店平均房价受城市／商圈综合消费水平的影响，也受周边同类
酒店的价格政策的影响。
②酒店平均房价反映了酒店当前培育的客源在购买酒店产品时愿意
支付的平均价格水平。
③平均房价可以作为酒店制定价格策略的参考线。

④如果酒店的平均房价比较高但出租率比较低，酒店在设计价格策略时，应以提高出租率为主要方向，酒店引流房的价格及主力房的价格应考虑放在平均房价以下，从而完成远期投价。

◎ （16）酒店当天的价格变动幅度应以酒店当前的实际库存为主要参考指标，库存量较大时，不宜提价，应继续跑量；库存量较少时，要根据酒店当天的有效销售时间来确定是否提价与提价多少。

◎ （17）房租同期对比的 2 个关键点：房租预算收入与实际收入对比；房租实际收入与同期对比。

◎ （18）单房收益是酒店盈利能力的直接表现。酒店单房收益同比提升，说明酒店在收益策略设计与执行方面有比较出色的表现。

实践是检验真理的唯一标准

方法论来自实战、用于实战，并在实践中不断提高

从实操经验中沉淀方法论，在运用中检验方法论的有效性——这便是本书中方法论的提炼背景。

所有的事，都有因果，本书的整个创作过程亦是如此。

"商家真正需要什么，我们就给什么，我们是真正地向商家赋能，我们不是一个追求盈利的培训机构……"这是两年前我第一次见到现任美团酒店培训中心执行院长刘展欣女士时，她向我介绍美团酒店培训中心店长班要开设收益管理专业课程的初衷。

"对于课程的质量，我们只有三个关键评估指标——听得懂、学得会、能对标。"这是美团酒店培训中心开设酒店收益管理课程大约 10 个月后，刘展欣女士向讲师传达的美团酒店总裁郭庆先生对美团酒店培训中心课

程质量的要求。

"我们必须有符合商家经营特点的专业书籍，这样可以方便商家对标自己的酒店，反复学习……"

"我们已经重点突破酒店管理系统 PMS 与收益管理系统 RMS 功能配套使用的问题，能帮助商家高效率地开展酒店收益管理……"

"我们要举办商家特训营，实行现场教学与课后辅导的模式，深度实现学员对收益管理知识的实操应用，实操的效果也是评估讲师授课能力与方法论是否有效的主要依据……"

"我们要出第二本书，结合酒店管理系统 PMS 与收益管理系统 RMS，要以酒店经营场景中的实操流程为主线，让商家看了书以后，可以对标书里的流程，轻松开展酒店收益管理……"

"我们要推动行业关于收益管理从业人员能力要求团体标准的制定，让更多的商家有持续学习、深度学习的机会，也要给具备这样能力要求的学员创造更多职业发展的空间……"

"我们要和全国各大院校合作，全面推动'产—学—研'模式，而且在对院校学生专业知识输出的同时，实现向有需求的商家输送收益管理的专业人才，努力满足学生就业与商家人才招聘的双重需求……"

…………

作为美团酒店培训中心的第一批外聘讲师，这两年多来我见证了互联网公司的务实与高效，也见证了美团酒店培训中心的每一次跨越式发展。他们每做出一个新"动作"，我几乎都会说同样一句话——你们越"玩"越大了，太大了。

是的，越来越大，也越来越好了。

但是，他们的初心没有改变，"赋能"依然在继续，而且越来越大，越来越深入。

写到这里，本书创作已经圆满完成了！

与此同时，有喜讯传来——"酒店收益管理人员职业能力要求团体标准"在中国国际贸易促进委员会和美团酒店培训中心的联合推动下，能力认证考试已经在深圳职业技术学院成功举办，全国第一批圆满完成助理收益管理师认证考试的专业人才已经诞生了。

这是国内酒店行业发展历程中具有标志性意义的重大事件。随着人们的消费习惯日趋转到线上，酒店收益管理专业知识的普及与应用、行业竞争秩序发生了翻天覆地的变化，行业也自然而然地进入了传统经营思路迭代、经营方法变革、酒店经营人才能力模型重建、行业竞争秩序及竞争规则归零与重写的新时代。

新时代，需要新人才。本书作为酒店收益管理人员职业能力认证考试的参考教材，以全新的故事性案例视角、酒店经营场景深入解析的方式，系统阐述收益管理专业知识在酒店不同经营场景下的运用方式，为广大读者参加认证考试、更好地经营酒店再次助力。

整合酒店痛点，实现人与工具的有效结合

酒店想要持续、有效、深入、体系化地开展收益管理工作，就必须把酒店 PMS 系统与 RMS 系统有效结合起来。然而，双系统的结合在行业的落地难度很大。为了实现这样一个宏大的行业突破，我们可以从黄晓凌先生带领别样红团队打造产品的过程，清楚地看到其团队对行业需求的精准把握以及勇于开拓进取的企业精神。

2013 年，有感于酒店底层信息化的薄弱，黄晓凌先生带领团队创立了"别样红"。在创立之初，别样红就有很明晰的定位，即利用云计算技术，致力于打造为酒店行业服务的 SaaS 企业级软件。

要想打造一款行业企业级应用，不仅要精通互联网技术，还必须对行业有深刻的了解。黄晓凌先生认为，只有身处行业中，才能深刻体会行业中存在的痛点。

当时，整个酒店行业主要面临如下两个痛点问题。

第一，管理难。酒店本身存在能耗高、人力重、收益增长慢及管理方式过于传统等问题，支持系统需要考虑酒店的诉求，利用技术去提高管理效率。传统的酒店管理系统存在流程弊端，从而导致一些问题，比如酒店剩余空房数量与客户得到的信息不一致，这导致酒店工作耗能大，不见成效；客户满意度下降，流失客户风险提高。

第二，收益难。单纯依靠外部需求的增长已不再是酒店商家提升经营收益的有效解药，只有通过品牌口碑的积累、精细化的定位以及创新科技的运用，才能帮助酒店成功转型。别样红很早便开始筹划这个"秘密武器"。2019 年，别样红推出了最新酒店收益管理系统 RMS。它通过智能数据分析和挖掘，帮助商家全面分析经营状况，提前预测市场需求，实时跟踪同行动态，及时捕捉市场热点，实时预警口碑提醒，助力酒店提升收益。

别样红云 PMS+RMS 的"双轮驱动"组合，帮助酒店商家赢得互联网下半场的比赛，打开营收之门。一方面，通过云 PMS 让酒店智能化，协助商家高效管理，减少开支，提升收益，更好地做线下运营；另一方面，通过跨住宿领域的大数据能力赋能 RMS 产品，用更精准和实时的数据为商家决策提供支持，协助商家开启宏观视角，提升运营管理能力。

从美团酒店培训中心"特训营培训项目"的实操效果看，充分使用别样红云 PMS+RMS 双系统的学员，其实操难度远低于其他学员，业绩增长幅度远高于其他学员，真正实现了让酒店管理越来越轻松、越来越有效率的目的。

路险且长，初心未改，行则将至。

我也相信这本书将更好地坚持与实现美团酒店培训中心著书的初衷——向更多的酒店人深度赋能，帮助更多酒店实现收益的有效增长。

感恩

诚如后记的开始所言，从实操经验中沉淀方法论，在运用中检验方法论的有效性，是这本书中方法论的创作背景。本书在方法论的总结、提炼、应用、效果反馈、效果评估等一系列工作中，得益于诸多学员、专业人士、机构的大力协助与支持，在这里特别鸣谢！

感恩美团关注行业人才培养，特别是院校学生的职业发展。本书作为收益工具教材进入校园，将带给未来行业人才最前端的产品技术。感恩美团酒店培训中心开设"金牌店长班"与"特训营"等培训项目，让我可以在反复的实操训练中总结经验、吸取教训，沉淀出本书中行之有效的方法论。

感恩上海别样红信息技术有限公司。在本书的创作中，公司全面开放别样红酒店管理系统、公明收益系统功能，并提供相关系统功能的使用方法，便于我从酒店人实操运用的角度总结方法论。

感恩黄红、周珂、汪筱涔等上千名学员对于执行效果的反馈，正是基于诸位的肯定与新的痛点问题，我得以更加全面深入地进行方法论的研究与提炼。

感恩莫裕生先生等行业内诸多收益管理专业人士、讲师与我长时期深入交流，助力我以有效实操为主要切入口，沉淀本书中的方法论。

感恩云朵酒店运营团队及时提供酒店经营数据，有效执行实操方法，让本书中的方法论得以全面应用验证。

感恩每一位读者与学员……

忽然想起出版第一本书的时候，我的编辑告诉我——每一本书都有自己的命运。本书在这个伟大的变革时代诞生，也必将是命运对它特殊的关照。感恩一切善缘！

魏云豪

2019 年 11 月 1 日凌晨于杭州钱塘江畔